Hasnain Kazim

Auf sie mit Gebrüll!

... und mit guten Argumenten

Wie man Pöblern und Populisten Paroli bietet

PENGUIN VERLAG

Verlagsgruppe Random House FSC® N001967

PENGUIN und das Penguin Logo sind Markenzeichen
von Penguin Books Limited und werden
hier unter Lizenz benutzt.

1. Auflage 2020
Copyright © 2020 Penguin Verlag, München,
in der Verlagsgruppe Random House GmbH,
Neumarkter Straße 28, 81673 München,
und SPIEGEL-Verlag Rudolf Augstein GmbH, Hamburg,
Ericusspitze 1, 20457 Hamburg
Umschlaggestaltung und Umschlagmotiv: Hafen Werbeagentur
Typografie und Satz: Uhl + Massopust, Aalen
Druck und Bindung: CPI books GmbH, Leck
Printed in Germany
ISBN 978-3-328-10493-3
www.penguin-verlag.de

 Dieses Buch ist auch als E-Book erhältlich.

In Erinnerung an meinen Vater
Hasan Kazim (1941 – 2019),
der ungern stritt,
mich aber in meinem Streiten unterstützte

Inhalt

»Achte auf deine Gedanken, denn sie werden Worte.
Achte auf deine Worte, denn sie werden Handlungen.
Achte auf deine Handlungen, denn sie werden Gewohn-
heiten.
Achte auf deine Gewohnheiten, denn sie werden dein
Charakter.
Achte auf deinen Charakter, denn er wird dein Schick-
sal.«

Talmud

»Als die Nazis die Kommunisten holten, habe ich
geschwiegen; ich war ja kein Kommunist.
Als sie die Sozialdemokraten einsperrten,
habe ich geschwiegen; ich war ja kein Sozialdemokrat.
Als sie die Katholiken holten, habe ich nicht protestiert;
ich war ja kein Katholik.
Als sie mich holten, gab es keinen mehr,
der protestieren konnte.«

Martin Niemöller,
Präsident der Evangelischen Kirche Hessen und Nassau (1892–1984)

»Die Ereignisse von 1933 bis 1945 hätten spätestens
bis 1928 bekämpft werden müssen. Später war es zu
spät. Man darf nicht warten, bis der Freiheitskampf
Landesverrat genannt wird. Man darf nicht warten,
bis aus dem Schneeball eine Lawine geworden ist.
Man muss den rollenden Schneeball zertreten.
Die Lawine hält keiner mehr auf. Sie ruht erst, wenn sie
alles unter sich begraben hat. (…)
Drohende Diktaturen lassen sich nur bekämpfen,
ehe sie die Macht übernommen haben.
Es ist eine Angelegenheit des Terminkalenders,
nicht des Heroismus.«

Erich Kästner (1899–1974)

»Ich bin ein Mensch, der von der Kommunikation kommt, den Dialog und die Streitkultur liebt.
Aber ich habe für mich eine Entscheidung getroffen: Die Gräben müssen tiefer sein. Die Gräben müssen unüberwindbar sein. Es muss eine klare Ausgrenzung geben: Ich will nichts mit dir zu tun haben!
Ich will auch nicht mit dir sprechen, weil ich gelernt habe, dass Diskussion und Dialog null Komma null Chancen haben. Ich würde gerne sagen: Ich hole euch zurück.
Aber: Ich sehe keine Chance. (…) Das einzig wirksame Mittel gegen Demokratie- und Menschenfeindlichkeit ist ein Nicht-Mitmachen und ein Sich-Verweigern.«

Peter Fischer, Präsident von Eintracht Frankfurt

Zum Einstieg:
Warum wir (mehr) streiten müssen

Wir leben in Zeiten, in denen Extremisten an Einfluss gewinnen. Rechtsextremisten, Faschisten und Neonazis hier, Islamisten dort. Viele dieser Leute nennen wir verharmlosend Populisten. Sie bieten vermeintlich einfache Lösungen für komplexe Probleme, gewinnen auf diese Weise Wahlen, stellen Abgeordnete, machen sich demokratische Strukturen zunutze, um die Demokratie auszuhöhlen. Sie setzen die Agenda, regieren in manchen Ländern mit, stellen in einigen gar den Regierungschef, und stets vergiften sie das Klima in einer Gesellschaft.

Es ist erschreckend normal geworden, andere Menschen auszugrenzen. Um das eigene Wir-Gefühl zu stärken, um Menschen herabzuwürdigen, um sich selbst zu erhöhen. Wer in Deutschland etwas gegen die AfD sagt, wird als »antideutsch« hingestellt, ähnliche Erfahrungen machen Kritiker der FPÖ in Österreich. Wer sich hingegen menschenverachtend und rassistisch äußert, wer seine – verlogene – Argumentation auf »alternativen Fakten« aufbaut, wer sich selbst über das Recht und damit Rechtsstaatlichkeit in Frage stellt, wer bisweilen Religion als Machtinstrument missbraucht (»Blasphemie! Ungläubige!«) und sich selbst als »das Volk« definiert, indem er andere nach Gutdünken ausgrenzt, kommt damit davon und wird von manchen sogar dafür gefeiert.

Nicht nur manche Politiker reden so, auch Rechtspopulisten, Rechtsextremisten, Neonazis sowie ihre Anhänger, die oft nur Mitläufer sind. Und obwohl sie alle, gesamtgesellschaftlich gesehen, lediglich eine Minderheit darstellen, geben sie den Ton an, bestimmen die Debatte und erhalten große Aufmerksamkeit.

Oft genug wird behauptet, bei Menschen, die solche Haltungen vertreten, handele es sich um »besorgte Bürger«, um »Leute, die angstvoll in die Zukunft blicken«, die also nur »ihrem Unmut Ausdruck verleihen«. Man solle sie »ernst nehmen«, »den Dialog suchen«, ihnen »Respekt entgegenbringen«, und das alles bitte schön »auf Augenhöhe«. Was da unausgesprochen mitklingt: Wir sollten ihre Ansichten endlich akzeptieren, sie als »Teil des Meinungsspektrums« hinnehmen, selbst wenn wir sie nicht teilten. Schließlich seien ihre Meinungen ja nicht verboten und die Abgeordneten »demokratisch gewählt«!

Dass es sich um herablassende, feindselige, menschenverachtende, rassistische und oft abgrundtief dumme Äußerungen handelt, wird geflissentlich überhört. »Sie meinen es doch nicht so«, heißt es dann gelegentlich. Ebenso vernimmt man hier und da Zustimmung: »Endlich sagt's mal jemand!«, oder: »Das wird man ja wohl noch sagen dürfen!«

Schluss damit!

Ich möchte nicht, dass solche Leute in unserer Gesellschaft den Ton angeben! Ich möchte, dass wir uns ihnen entgegenstellen! Ich ermutige dazu, sie politisch zu bekämpfen! Ich fordere zum Streit auf!

Denn das, was wir erleben, ist nicht nur eine politische und wirtschaftliche, sondern in erster Linie eine moralische Krise. Sie ist, geprägt von einer immensen Verachtung der Wahrheit, eine Gefahr für uns alle. Die distanzierte Analyse alleine, die sich nicht einmischt, die nicht Einhalt gebietet und Konsequenzen folgen lässt, wird uns nicht retten. Wenn wir uns diesen Leuten nicht stellen – und entgegenstellen –, wenn wir keinen Widerstand leisten, sondern den Streit meiden, wird sich unsere Gesellschaft noch stärker verändern, als sie es in den letzten Jahren bereits getan hat. Wir mögen gegen Hass und Menschenverachtung sein, aber wenn wir schweigen, wenn sich jemand rassistisch, fremdenfeindlich, demokratieverachtend äußert, werden solche Haltungen gewöhnlich, sie dringen immer tiefer in immer mehr Köpfe ein, sie werden akzeptiert, bestimmen erst unsere Gedanken und schließlich unser Handeln.

Ich bin überzeugt, dass nur Widerstand, der Konsequenzen hat, hilft. Ich ermutige dazu, sich aufzulehnen gegen diejenigen, die Chaos heraufbeschwören, Freiheiten beschneiden und unsere Art zu leben zerstören wollen.

Es ist nicht so, dass ich mich gerne streite. Ich habe mir dieses Thema nicht selbst ausgesucht, sondern bin, allein aufgrund meiner dunkleren Hautfarbe und meines fremd klingenden Namens, im Laufe meines Lebens immer wieder ins Kreuzfeuer geraten. Ich musste den Streit nie suchen –

er hat mich, meist ungewollt, gefunden. Ich brauchte nur eine Reisereportage zu veröffentlichen, und schon bekam ich Post, in der sich Leser darüber beschwerten, was mir »Ausländer« einfiele, »den Deutschen« erzählen zu wollen, wie oder wohin sie reisen sollten. Als Journalist und Autor stand und stehe ich in der Öffentlichkeit, und wenn ich schon wegen banaler Themen angefeindet werde, dann kann ich auch über wirklich kritische, politisch relevante Dinge schreiben, dachte ich mir – streiten muss ich mich so oder so. Ich berichtete als Korrespondent aus vielen islamischen Ländern, lebte jahrelang in Pakistan und in der Türkei, zog später nach Österreich, wo ich bis jetzt lebe – und stritt und streite mich mit Islamisten, religiösen Fanatikern, Taliban, Erdoğan-Anhängern ebenso wie mit Rechtspopulisten, Rechtsextremisten und Neonazis.

Ich habe gelernt, dass es notwendig ist, sich dem Streit zu stellen und ihn nicht zu meiden. Und dass wir keineswegs nur passiv sein dürfen. Wir müssen nicht nur streiten, wenn wir angegriffen werden, sondern müssen von uns aus die Auseinandersetzung suchen, wenn wir unsere Werte, unsere offene, liberale Gesellschaft in Gefahr sehen. Denn es geht um etwas. Ich habe in mehreren Ländern erlebt, was geschieht, wenn man schweigt, anstatt zu streiten: Mühsam erkämpfte Freiheiten werden wieder beschnitten, Autoritarismus macht sich breit, extremistische Ideologien gewinnen immer mehr Anhänger. Und ich habe gelernt, dass Streit konstruktiv geführt werden kann, dass man Streiten durch Übung erlernen kann – und dass man dabei durchaus Spaß haben kann.

Seit dem Erscheinen meines Buches »Post von Karlheinz. Wütende Mails von richtigen Deutschen – und was ich ihnen antworte« im Jahr 2018 schreiben mir immer wieder Leser, dass sie dankbar sind für die vielen Beispiele, wie ich mit Pöblern und Populisten umgehe. Sie teilen mir mit, sie würden meine Antworten als Vorlage für eigene Auseinandersetzungen nutzen. »Toll, wie Sie das machen! So mache ich das künftig auch!«, lässt mich eine Politikerin wissen.

Halt!

Stopp!

Ja, ich suche den Dialog mit diesen Leuten, streite mich mit ihnen, gehe mit ihnen oft hart ins Gericht. Und nicht selten nehme ich sie auf den Arm, bin ironisch, manchmal zynisch, bisweilen böse, und ja, ich mache mich über die eine oder den anderen auch lustig. Ich bin überzeugt, dass das für mich der richtige Weg ist. Aber meine Antworten sind nur *ein* Beispiel, wie man es machen kann. Es gibt andere Wege, die ebenso gut sein können. Das antworte ich denen, die meine Streitgespräche als Musterbeispiele auffassen.

Doch natürlich freut es mich, wenn meine Art der Auseinandersetzung andere dazu anstiftet, sich mehr zu streiten. Denn wir müssen reden! Unbedingt! Auch über heikle Themen. Über Dinge, von denen wir sonst denken: Ach, schweigen wir lieber darüber, sonst hängt der Haussegen schief! Aber was wäre schlimm daran? Streit ist nichts Schlimmes, im Gegenteil, er tut gut, bringt uns weiter, erdet uns. Man lässt Dampf ab und sieht Dinge in neuem Licht, in einer anderen Perspektive. Streit verbindet. Man ignoriert den anderen nicht einfach, sondern setzt sich mit ihm, seinen Meinungen, Ansichten und Gefühlen auseinander. Man nimmt ihn wahr und investiert Zeit und Energie in den Austausch mit ihm. Und man selbst lernt, sich mit Haltungen auseinanderzusetzen, die sich deutlich von den eigenen unterscheiden. Am Ende eines Streits steht vielleicht sogar eine Lösung, mit der alle einverstanden sind. Ein gutes, friedliches Miteinander lebt von Kompromissen, weil Menschen nun mal unterschiedlich sind in ihren Vorstellungen, Wünschen, Hoffnungen und Ansichten. Im Streit erreicht man Kompromisse.

Das setzt jedoch eine gewisse Streitkultur voraus. Es verlangt, dass wir wissen, wie man richtig streitet. Das ist gar nicht so einfach. Muss es immer sachlich sein? Mit Argumenten unterfüttert? Darf man beleidigen? Beschimpfen? Polemisch sein? Und wann verliert ein Streit seinen Sinn? Wann ist der Zeitpunkt gekommen, das Gespräch, die Debatte, die Auseinandersetzung abzubrechen? Darf man Leute ausgrenzen? Sie ignorieren, ihnen den Dialog gar von vornherein verweigern?

Um solche Fragen soll es in diesem Buch gehen. Es sind Erfahrungen und Überlegungen, die aus meinen langjährigen Auseinandersetzungen mit Leuten entstanden sind, die sich um kulturelle Veränderungen sorgen oder Angst vor dem Verlust ihres Wohlstands haben, Diskussionen mit Politikverdrossenen, Medienkritikern und »Früher war alles besser«-Gläubigen, aber auch mit Rechtsextremisten und Islamisten, mit Neonazis und Taliban-Anhängern, mit »Es war nicht alles schlecht unter Hitler«-Leuten und »Erdoğan ist der beste Führer, den die Türkei je hatte«-Typen.

Im Streit mit dieser Sorte Mensch stoßen viele, die für

unsere Werte, unsere Grundrechte, unsere Demokratie einstehen wollen, auf ein Problem: Viele Dinge sind uns so selbstverständlich geworden, dass uns die Argumente fehlen, sie zu verteidigen. Wir haben verlernt zu streiten. Deshalb haben Extremisten und Populisten so leichtes Spiel. Sie sagen zum Beispiel Sachen wie: »In Deutschland gibt es keine Meinungsfreiheit mehr!!!!«, und weil uns so selbstverständlich geworden ist, dass es bei uns Meinungsfreiheit gibt, wissen wir gar nicht, wie wir dagegenhalten sollen – oder ob wir es überhaupt müssen. Uns fällt nicht ein zu sagen, dass das Quatsch ist und jeder sagen kann, was er denkt, aber dass Meinungsfreiheit selbstverständlich nicht einschließt, andere Menschen zu beleidigen oder zu bedrohen, und dass Meinungsfreiheit schon gar nicht Widerspruchsfreiheit oder ein Recht auf Gehör bedeutet.

Selbstverständlich bedeutet Meinungsfreiheit, auch mit Meinungen konfrontiert zu werden und sie aushalten zu müssen, die man nicht mag. Rassismus und Menschenverachtung jedoch sind keine Meinung. Menschen zu beleidigen, zu bedrohen, ihnen die Vergewaltigung oder den Tod zu wünschen, ist keine Meinung. Wer in Frage stellt, dass Menschenrechte für alle gelten, wer Tatsachen als »Fake News« diskreditiert und Lügen als »alternative Fakten« salonfähig macht, wer Zweifel an der Gültigkeit wissenschaftlicher Erkenntnisse sät, indem er nicht ebenfalls auf wissenschaftlicher Basis das Gegenteil beweist, sondern nur »Stimmt nicht! Glaube ich nicht!« schreit, wer Menschen anderer Hautfarbe, anderen Glaubens, anderer sexueller Orientierung, anderer Art zu leben abwertet und sich selbst über sie stellt, wer so redet und, erst recht, wer so handelt, muss Widerstand zu spüren bekommen.

Viel zu viele Menschen schweigen immer noch. Vielleicht, weil sie insgeheim genauso denken. Oder weil ihnen das Thema egal ist. Oder weil ihnen die Argumente fehlen. Oder weil sie Angst haben, selbst zum Ziel des Hasses zu werden, wenn sie sich einmischen. Natürlich, wer nichts sagt, sagt zunächst einmal auch nichts Falsches. Das ist sehr bequem. Aber wer schweigt, obwohl es dringend geboten wäre, etwas zu sagen, macht sich mitschuldig.

Die Idee, eine Art Anleitung zum richtigen Streiten zu verfassen, kam mir auch, weil selbst gestandene Journalisten und Politiker sagten, sie wüssten nicht, wie sie mit all dem Hass, der über sie ausgekübelt wird, umgehen sollen. Wir alle müssen wieder lernen zu streiten, leidenschaftlich, engagiert, begeistert, enthusiastisch. Und wir müssen unsere Argumente kennen und schärfen. Streit ist fruchtbar, er sollte nicht als etwas Negatives verstanden werden, auch wenn er stört, denn ja, er soll stören! Und wenn wir mit Extremisten und Populisten streiten, dann nützt es nichts zu wissen, dass die besseren Argumente auf unserer Seite stehen – wir müssen diese besseren Argumente auch besser rüberbringen.

Dieses Buch richtet sich an alle, die nach Anregungen suchen, wie man richtig streiten soll, wie man anständig Kritik übt. Und zu kritisieren gibt es derzeit viel. Es richtet sich an all jene, denen eine offene, liberale, tolerante Demokratie am Herzen liegt, an alle, die für Humanismus und für Meinungs- und Pressefreiheit sind und die unsere Werte und unsere pluralistische Lebensform gegen jene verteidigen wollen, die in ihrer Wut nur andere verletzen und unsere gemeinsamen Werte zerstören wollen. Es richtet sich an jene, die zum Ziel von Hassnachrichten, Drohungen und Beleidigungen werden und Rat suchen, wie sie damit umgehen sollen. Aber auch an jene, die Anstöße zum Einmischen brauchen.

Ein allgemeingültiges Regelwerk, einen unfehlbaren Leitfaden kann und will ich nicht aufstellen. Aus den Erfahrungen, die ich selbst gemacht habe, kann ich im besten Fall Denkanstöße destillieren – Gedanken darüber, dass Streit grundsätzlich natürlich Regeln braucht, dass es im Streit Argumenten bedarf (und nicht Beleidigungen, Beschimpfungen, Drohungen), dass Streit aber natürlich auch Spaß machen darf. Und was man tun kann, wenn streiten nicht mehr hilft. Es geht mir nicht um eine wissenschaftliche Beschäftigung mit dem Thema »Streit«, sondern darum, was wir im Alltag erleben und wie wir damit umgehen können. Manche meiner Erkenntnisse und Empfehlungen werden selbstverständlich klingen, vielleicht geradezu banal. Andere werden womöglich provozieren – umso besser, wenn es mir gelingt, mit den folgenden Seiten einen Streit anzuzetteln!

Für mich ist das Schreiben dieses Buches auch ein Akt des Widerstands. Es ist eine Widerrede gegen all jene, die unsere liberale Demokratie angreifen, aushöhlen, untergraben. Die Hass, Spaltung, Niedertracht und Verrohung vorantreiben. Die lügen, drohen, verunglimpfen, beleidigen. Und die die Menschen mit ihrem eigenwilligen Verständnis von Wahrheit einlullen und in eine Parallelwelt entführen, die mit der Realität nichts mehr zu tun hat. Ich schreibe es in Sorge, in Wut, aber auch in dem Glauben, dass Dinge besser werden können.

»Demokratie und Streit gehören zusammen. Eine Demokratie, in der nicht gestritten wird, ist keine«, sagte der frühere Bundeskanzler Helmut Schmidt. Das Konzept der »liberalen Demokratie« birgt dabei den Kern des Konflikts schon in sich: »Liberal« setzt auf die Gestaltungs-, Handlungs- und Entfaltungsfreiheit des Einzelnen; »Demokratie« hingegen bedeutet Volksherrschaft, hier bestimmt also die Mehrheit über das Individuum. In einer liberalen Demokratie muss es den Ausgleich geben zwischen dem Willen des Volkes, der Gemeinschaft, der Mehrheit einerseits und dem der Minderheit sowie den individuellen Interessen andererseits. Dieser Ausgleich findet durch Streit statt. In einer liberalen Demokratie streiten wir um die besten Lösungen. Nicht irgendein autoritärer Depp bestimmt.

Streit kann sehr anstrengend sein. Aber die Anstrengung lohnt sich, denn es steht viel auf dem Spiel. Der Journalist und Autor Niklas Frank, Sohn von Hans Frank, Hitlers Generalgouverneur in Polen, auch bekannt als »Schlächter von Polen«, schrieb 2019 im SPIEGEL: »Hitler baute eine furchtbare Diktatur auf. Das deutsche Volk wehrte sich nicht. Für mich ist klar, warum: Unter den achtzig Millionen Deutschen damals und heute waren und sind allenfalls zwanzig Millionen echte Demokraten, von denen sich höchstens Hunderttausend aktiv für die Demokratie einsetzen. Die übrigen Demokraten grummeln abgeschlafft daheim vor sich hin. Folge: Die schweigende Mehrheit von rund sechzig Millionen Deutschen würde sich gegen eine AfD-Diktatur nicht wehren.«

Gerade auch mit Blick auf die deutsche Geschichte können wir es uns nicht erlauben, aus Gleichgültigkeit, Bequemlichkeit oder Angst zu schweigen.

Also auf sie mit Gebrüll!

Streit braucht Regeln
Oder:
Warum ich Boris Palmer nicht
Herrn Schnoggiwoggl nenne

Die schlechte Nachricht zuerst: Es gibt keine Bedienungsanleitung zum richtigen Streiten, keine To-do-Liste, an der man sich einfach entlanghangeln könnte. Denn es gibt weder starre Regeln noch schematische Lösungen nach dem Muster: Wenn jemand X sagt, musst du Y darauf antworten. Wer Patentrezepte sucht, wird sie nicht finden, auch nicht in diesem Buch.

Sollten Sie dennoch auf irgendwelche angeblich todsicheren Erfolgsrezepte fürs Streiten stoßen, glauben Sie mir: Sie stimmen nicht. Jeder Mensch ist anders, jeder Dialog neu, jede Situation eine andere. In der Kommunikation gibt es so viele Dinge, die ein Gespräch beeinflussen können und von Fall zu Fall unterschiedlich sind: Wer sagt etwas? Wem sagt er es? Wie sagt er es? In welcher Situation? Mit welchem Ziel? Spricht er alles aus, was ihm durch den Kopf geht? Hat er Hintergedanken, wenn ja, welche? Und wie kommt das Ganze beim Gegenüber an? Wer ist der Empfänger, in welcher Situation steckt er? Wie versteht er die Botschaft? In welcher Beziehung steht er zum Absender, zum Sprecher? Kennt er ihn persönlich? Wenn ja, wie gut? Wenn nicht, in welchem Verhältnis stehen sie dann zueinander? Und kommunizieren sie schriftlich oder mündlich?

Jetzt die gute Nachricht: Selbstverständlich gibt es Erfahrungswerte, wie Kommunikation – also auch ein Streit – gelingen kann. Und es gibt Rahmenbedingungen für ein zivilisiertes Miteinander, die gelten müssen. Wir bewegen uns also nicht in einem regelfreien – und schon gar nicht in einem rechtsfreien – Raum. Das scheint in jüngerer Vergangenheit leider in Vergessenheit geraten zu sein.

Im Folgenden sollen deswegen zunächst einige Regeln vorgestellt werden, die ich für einen guten, sinnvollen Streit für unabdingbar halte und die in den Auseinandersetzungen, die ich führe, gelten müssen. Andere Menschen werden vielleicht andere Regeln entwickeln und werden sich andere Grenzen setzen. Aber wichtig ist aus meiner Erfahrung, dass man es überhaupt tut.

Darf man alles sagen?

Ich höre in Diskussionen und lese in Internetforen und E-Mails am Ende von Hasstiraden immer wieder: »Das wird man ja wohl noch sagen dürfen!« Manchmal, wenn diesen Leuten aufgrund ihrer Äußerungen dann zurecht Kritik entgegenschlägt, sagen oder schreiben sie: »In Deutschland gibt es keine Meinungsfreiheit mehr!« Oder: »Der Meinungskorridor in Deutschland wird immer enger!« Oder: »Immer diese Sprachpolizei!« Oder: »Nieder mit der Political Correctness!« Oder: »Tugendterror!«

Neben blankem Hass wird auch gerne allerlei krudes Zeug verbreitet, Lügen, Gerüchte, Spekulationen, Verschwörungstheorien. Wer das kritisiert, wird der »Zensur!!!!!« bezichtigt. Konfrontiert man die Urheber mit ihrem Unsinn, entgegnen sie: »Ich verstoße gegen kein Gesetz! Solange ich nichts Strafbares sage, können Sie mir das nicht verbieten!«

Das ist nicht ganz falsch, aber auch nicht richtig. Ja, zunächst einmal liegen die Grenzen im Rechtlichen. Wer beispielsweise Menschen verleumdet oder beleidigt, verstößt gegen das Gesetz. Dafür kann er oder sie strafrechtlich belangt werden. Jetzt ziehen manche den Umkehrschluss, alles, was nicht gegen das Recht verstoße, sei erlaubt. Nun ja, erlaubt vielleicht, aber sicher nicht folgenlos sagbar.

Es stimmt: Was rechtlich nicht untersagt ist, kann man juristisch kaum untersagen. Aber richtig ist auch: Worte haben Wirkung. Und zwar sowohl für den, an den sie gerichtet sind, als auch für den, der sie von sich gibt. Für seine Worte muss man geradestehen. Für das, was man sagt oder schreibt, trägt man Verantwortung. Die Messlatte ist aber nicht das Strafrecht oder irgendein anderes Gesetz, sondern in einem alltäglichen zivilisierten Miteinander gelten viel engere Grenzen des Sagbaren: die der Moral und des Anstands.

Ich weiß, jetzt klinge ich wie ein pensionierter Oberstudienrat, der den Finger hebt und sagt: »Wir brauchen wieder mehr Anstand und Moral!«

Aber die Wahrheit ist: Wir brauchen wieder mehr Anstand und Moral!

Rechtlich spräche nichts dagegen, dass ich zum Beispiel den Tübinger Oberbürgermeister Boris Palmer, der glaubt, mit rechtspopulistischen Sprüchen potenzielle AfD-Wähler für sich gewinnen zu können, und mit dem ich mich unter anderem deswegen gelegentlich streite, dass ich also diesen Herrn Palmer nur noch Herr Schnoggiwoggl nenne. Soweit ich weiß, ist Schnoggiwoggl keine Beleidigung und hat auch sonst keine Bedeutung. Das Wort ist mir einfach so eingefallen, und bei Google gibt es dazu nur ein paar Einträge, nämlich über meine Überlegung, Herrn Palmer so zu nennen.

Ich nenne Herrn Palmer aber nicht Schnoggiwoggl, weil es unhöflich wäre. Weil Boris Palmer eben Boris

Palmer heißt und weil man Menschen bei ihrem Namen nennt, je nach Gepflogenheit beim Vornamen oder Herr/ Frau plus Nachnamen oder mit Spitznamen. Wenn eine Form der Ansprache von jemandem als unhöflich, beleidigend, respektlos oder gar ehrverletzend empfunden werden könnte, unterlasse ich es. Wenn Boris Palmer mir etwa sagte: »Sie, Herr Kazim, man spricht meinen Namen nicht ›Boohris‹ aus, sondern ›Borris‹«, dann würde ich mich bemühen, »Borris« zu sagen, nicht »Boohris«. Wenn er sagte, es sei ihm egal, wie man seinen Vornamen ausspricht, würde ich das auch respektieren.

Manche schreiben meinen Vornamen falsch: »Haznain« statt »Hasnain«. Wenn das zur Gewohnheit wird, weise ich denjenigen auf die korrekte Schreibweise hin. Meistens ist es mir aber egal. Hieße ich »Cem«, würde ich wahrscheinlich Wert darauf legen, dass man den Namen »Dschem« ausspricht, nicht »Tschem«. Ich weiß, von manchen kommt nun der Einwurf: »Das ist aber kein deutscher Name! Woher soll ich wissen, wie man das ausspricht? Mir fällt das schwer, es ›Dschem‹ auszusprechen, ich sage weiter ›Tschem‹!« So eine Diskussion habe ich schon mehrmals führen müssen, neulich wieder mit einer älteren Dame. Die Antwort ist natürlich ziemlich einfach: 1. Mir ist klar, dass Sie die falsche Aussprache nicht böse meinen (davon gehe ich jetzt mal zu Ihren Gunsten aus). 2. Wenn Sie es bisher nicht wussten, wie man es richtig ausspricht – jetzt wissen Sie's. 3. Jeder Mensch ist lernfähig, auch in fortgeschrittenem Alter. Also lernen Sie doch bitte einfach aus Respekt vor Ihrem Mitmenschen, wie man einen bestimmten Namen oder ein bestimmtes Wort richtig ausspricht. Ich bin zuversichtlich, dass Sie es schaffen!

Ach, und noch etwas: Sprache verändert sich. Es gibt Begriffe, die früher geläufig gewesen sein mögen, die wir aber jetzt nicht mehr benutzen, und zwar aus guten Gründen. Auch wenn es vielleicht schwerfällt, sollte man sich diese Gründe anhören und zu Herzen nehmen. So gibt es für Menschen mit nichtweißer Hautfarbe mehrere Begriffe, die Menschen mit nichtweißer Hautfarbe für inakzeptabel halten, egal, was das Recht dazu sagt, und egal, ob »man« das »früher« so sagte und es »doch gar nicht böse gemeint« ist. Tatsache ist, dass diese Begriffe heute benutzt werden, um Menschen mit nichtweißer Hautfarbe zu diffamieren. Manche Leute weisen dann gerne darauf hin, dass diese Begriffe in dieser oder jener Sprache doch nur »Mensch« bedeuten würden. Mag sein. Heute sind das aber in unserem Sprachgebrauch abwertende Begriffe. Also benutzen wir sie nicht. Punkt.

Als ich noch in der Bundeswehr war und ich mit älteren Menschen über meinen Einsatz sprach, bezeichneten sie die Streitkräfte der Bundesrepublik immer noch als »Wehrmacht«. Sie meinten es nicht böse. Für sie war »Wehrmacht« gleichbedeutend mit »Militär«. Sie kannten es noch so »von früher«. Ich habe meine Gesprächspartner trotzdem korrigiert und gesagt, dass ich mit der »Wehrmacht« definitiv nichts zu tun habe. Alle sahen das ein.

Kürzlich las ich von einer Studie über das Ernährungsverhalten der Deutschen. Man könnte das Ergebnis so zusammenfassen: »Immer mehr Deutsche sind übergewichtig, weil sie vermehrt Fastfood und zuckerhaltige Getränke konsumieren.« Das ist ein akzeptabler Satz, oder? Man kann ihn inhaltlich doof finden, ihn nicht glauben und in Frage stellen, aber letztlich ist an der wissenschaftlich belegten Aussage nichts auszusetzen. Man könnte aber auch formulieren: »Die Deutschen werden immer fetter, weil sie fressen und saufen wie die Schweine.« Dieser Satz sagt im Wesentlichen nichts anderes aus als der erste. Und doch ist er inakzeptabel, weil er beleidigend und herablassend in der Wortwahl ist. Dabei verstößt er gegen kein Gesetz, ich vermute jedenfalls, dass kein Gericht ihn untersagen wird. Aber es ist unanständig, sich so zu äußern. So reden wir nicht miteinander in einer zivilisierten Gesellschaft! Wer es dennoch tut, grenzt sich selber aus.

Ein weiteres Beispiel aus meinem Alltag. Jemand sagt: »Ich habe meine Schwierigkeiten damit, dass sehr viele Muslime mit ultrakonservativen Ansichten kommen und all die Errungenschaften des freien, selbstbestimmten Lebens, nicht nur für Frauen, sondern auch für Homosexuelle, Angehörige anderer Konfessionen und so weiter, rückgängig machen.« Das ist eine Meinung, die man selbstverständlich so äußern darf. Klar kann man dieser Meinung widersprechen, sie kritisieren, es gibt für niemanden ein Recht auf Widerspruchsfreiheit. Aber prinzipiell ist die Wahrscheinlichkeit hoch, dass man mit so jemandem eine konstruktive, gute Diskussion führen kann.

Ein anderer schreibt mir: »Scheiß Muselpack, die gehören ausgerottet, ich erschieße die persönlich, wenn es sein muss!!!!« Das ist keine Meinung, sondern das ist Hass. Mit dieser Person wechsele ich kein einziges Wort, mich interessieren auch nicht ihre »Sorgen und Nöte«, und schon gar nicht unterhalte ich mich »auf Augenhöhe« mit ihr. Wenn ich diese Person scharf kritisiere, sozial ausgrenze, ächte, juristisch gegen sie vorgehe, ist noch lange nicht ihre Meinungsfreiheit eingeschränkt; sie erfährt auch keine »Zensur«. Sondern sie muss einfach nur Kritik ertragen und Verantwortung für ihre Worte übernehmen.

Betrachten wir noch ein Beispiel, das ebenso alltäglich ist: Man könnte theoretisch jedem fremden Menschen, dem man im Zug, auf dem Markt, im Konzert, bei der Post oder in einem Laden begegnet, sagen: »Hören Sie, ich finde, Ihr Kleid ist wirklich unvorteilhaft.« Oder: »Woher haben Sie eigentlich diese sagenhaft hässlichen Schuhe?« Oder: »Ich finde, Sie könnten ruhig mal ein paar Kilogramm zunehmen/abnehmen.« Oder: »Also, Ihre Frisur ist wirklich unterirdisch.« All diese Sätze kommen ohne Schimpfworte aus. Sie mögen beleidigend wirken, aber den Tatbestand einer Beleidigung nach Paragraf 185 des Strafgesetzbuches erfüllen sie nicht ohne Weiteres. Sollten Sie so eine Aussage mal zu hören bekommen, würden Sie, befürchte ich, mit einer Anzeige nicht weit kommen.

Natürlich darf man die Frisur, die Kleidung, überhaupt: das Aussehen eines anderen Menschen unattraktiv finden. Wenn Sie einen Menschen sehen, den Sie besonders schön oder außergewöhnlich hässlich finden, geht Ihnen das vielleicht völlig ungesteuert durch den Kopf. Wenn jemand etwas unfassbar Dämliches sagt, denken Sie womöglich unvermittelt: »Meine Güte, ist der oder die dumm!« Ein zivilisierter, respektvoller Umgang miteinander beruht aber unter anderem darauf, dass man nicht alles so unvermittelt äußert, wie man es denkt. Dass man also nachdenkt, bevor man den Mund aufmacht. Dass man sich fragt: Was will ich mit meiner Äußerung bezwecken? Will ich etwas in der Sache verbessern oder geht es mir darum, den Angesprochenen oder die Angesprochene zu verletzen? Mit welchem Recht tue ich das? Man sollte sich fragen: Fände ich es selbst gut, so angesprochen zu werden? Möchte ich, dass mir jeder seine Meinung über mein Aussehen mitteilt?

Wer stets ungefiltert sagt, was er denkt, ist nicht besonders ehrlich, sondern besonders dumm. Wir können nicht alles sagen, was wir denken – und das hat nichts damit zu tun, dass die Meinungsfreiheit eingeschränkt ist, sondern damit, dass es so etwas wie Anstand gibt.

Nun kann man einwenden: »Es ist aber meine Meinung! Und ich verwende doch gar keine beleidigenden Wörter!« Natürlich: Noch schlimmer wäre eine derbere Ausdrucksweise wie »Mein Gott, siehst du scheiße aus!« oder »Boah, bist du fett!«. Wenn Kinder sich Schimpfworte an den Kopf werfen oder Fäkalsprache benutzen, sagen wir: »Das sagt man nicht!« Und es hat gute Gründe, warum wir Kinder dazu erziehen, auf ihre Sprache zu achten. Gewaltsame Sprache drückt oft unerfüllte Wünsche aus, Bedürfnisse, die unbefriedigt sind. Aber als Erwachsener sollte es in allen Lebensumständen erstrebenswert sein, sich vernünftig, gesittet, zivilisiert auszudrücken.

Ich bin überzeugt, dass man Menschen zumuten kann, sich so zu artikulieren, dass sie andere Menschen nicht verletzen. Und ich bin überzeugt, dass Menschen lernfähig sind. Wenn er oder sie es will, schafft das jeder.

Aus Worten können Taten werden

Ich will nicht sagen, dass man grundsätzlich nie schimpfen und sich derbe ausdrücken darf. Das wäre ja langweilig! Ich werde beleidigt (und beklage mich nicht darüber), und ich weiß, dass auch ich hin und wieder mal in meinen Texten den einen oder die andere beleidige. Ein kräftiges Wort, eine ordentliche Beleidigung kann durchaus befreiende Wirkung haben. Und es gibt meiner Erfahrung nach nicht wenige Menschen, die Dinge nur verstehen, wenn man sie sehr, sehr deutlich ausspricht. Allerdings: Wenn man sich so hart ausdrückt, sollte man sich dessen bewusst sein.

Ich nenne Teilnehmer der »Demonstrationen«, die seit Oktober 2014 von den »Patriotischen Europäern gegen die Islamisierung des Abendlandes«, kurz: »Pegida«, veranstaltet werden, hin und wieder »Pack«. Ich weiß, das ist eine ziemlich derbe Bezeichnung. Dafür werde ich gelegentlich kritisiert. »Solch eine Ausdrucksweise hätte ich von einem Intellektuellen wie Ihnen nicht erwartet!«, schrieb mir etwa ein Leser. Das sei »unangebracht« oder »einer sachlichen Diskussion nicht angemessen«. Hm, na ja, das stimmt zwar, überzeugt mich aber nicht. »Sie begeben sich damit auf dasselbe Niveau wie diese Leute, indem Sie sich so unflätig ausdrücken!«, schrieb ein anderer Leser. Gut, dieses Argument, dass ich der allgemeinen Niveausenkung nicht entgegenwirke, sondern, im Gegenteil, dazu beitrage, leuchtet mir eher ein. Andererseits wird doch immer gefordert, man solle mit diesen Leuten »auf Augenhöhe reden«. Bitte schön, da habt ihr Augenhöhe!

Aber mal ernsthaft: Wer einer Religion gegenüber pauschal feindselig eingestellt ist, außerdem ausländerfeindlich, rassistisch, rechtspopulistisch bis rechtsextrem, wer durch die Stadt marschiert und dabei selbst gebastelte Galgen trägt, an denen Schilder mit der Aufschrift »Reserviert Siegmar ›das Pack‹ Gabriel« (falsche Schreibweise des Namens Sigmar stammt von den Verfassern des Schildes) und »Reserviert Angela ›Mutti‹ Merkel« baumeln, und das in einer Region Deutschlands, in dem wirklich kaum »Ausländer«, »Fremde«, »Muslime« leben, der ist einfach nur widerlich – und eben Pack. Ganz ehrlich: Ich schäme mich für solche Leute und möchte mit ihnen nichts zu tun haben. Und wenn jetzt jemand sagt, man solle sie doch bitte nicht verachten, sondern ihre »Sorgen und Nöte« ernst nehmen, dann sollen die Besorgten sich vernünftig ausdrücken. Ich erwarte ja nicht, dass sie ihre Ängste eloquent und in gehobener Sprache artikulieren. Sie sollen sich einfach nur nicht wie Arschlöcher benehmen. Tun sie es doch, grenzen sie sich selbst aus. Sie verweigern das zivilisierte Miteinander und manövrieren sich damit selbst ins Abseits. Deshalb die Bezeichnung »Pack«, die diese selbst gewählte Isolation in ein Wort fasst. Hier ist ein Streit, ein Austausch nicht nur nicht möglich, er ist auch nicht wünschenswert. Wer sich so benimmt, ist draußen.

Ich habe solche Menschen auch anderswo erlebt. Nach jedem islamistisch motivierten Mord gibt es zum Beispiel in Pakistan, einem Land, in dem ich viele Jahre gelebt und aus dem ich als Korrespondent berichtet habe, Menschen, die die Bluttat gutheißen. Das Opfer sei kein Opfer, sondern ein »Blasphemist«, der den Tod verdient habe, sagen sie. Ein »Ungläubiger« oder »Abtrünniger« sei da gestorben. Als 2011 der als liberal und prowestlich geltende Politiker Salman Taseer, Gouverneur der Provinz Punjab, mitten in der Hauptstadt Islamabad von seinem eigenen Leibwächter erschossen wurde, weil er sich für die Freilassung der als »Blasphemistin« zum Tode verurteilten Christin Asia Bibi eingesetzt hatte, wurde der Mörder von Tausenden Menschen gefeiert. Rechtsanwälte bewarfen den Täter auf seinem Weg zum Gericht mit Rosenblättern. Menschen, die ich bis dahin für klug und differenziert denkend gehalten hatte, erklärten mir allen Ernstes, Taseer habe es »zu weit getrieben« und sei daher »selbst schuld« an seinem Tod. Es waren inakzeptable Äußerungen und Handlungen. Doch kaum jemand widersprach diesen »Meinungen«, trotz mancher Irritation. Niemand grenzte diese Leute aus, niemand verurteilte sie. Und so entstand schon wegen des Hinnehmens dieser sprachlichen Gewalt der Eindruck, dass physische Gewalt wie die Ermordung Taseers irgendwie in Ordnung sei.

Ähnlich Niederträchtiges hörte ich in Deutschland. Nachdem im Juni 2019 der CDU-Politiker Walter Lübcke ermordet worden war, ein Befürworter der Flüchtlingspolitik von Bundeskanzlerin Angela Merkel und mithin für die Aufnahme von Menschen in Not, gab es tatsächlich einige, die sagten, er sei zu Recht ermordet worden. Lübcke, Regierungspräsident im Regierungsbezirk Kassel, hatte im Oktober 2015 auf einer Bürgerversammlung über die Aufnahme von Flüchtlingen informiert. Einige Zuhörer waren Gegner der damaligen Flüchtlingspolitik und beschwerten sich lautstark über ihn. Sie beschimpften ihn und buhten ihn aus. Ihnen entgegnete Lübcke: »Es lohnt sich, in unserem Land zu leben. Da muss man für Werte eintreten, und wer diese Werte nicht vertritt, der kann jederzeit dieses Land verlassen, wenn er nicht einverstanden ist. Das ist die Freiheit eines jeden Deutschen.« Damit erzürnte er seine Kritiker noch mehr. »Pfui!«, riefen sie und: »Verschwinde!«

Lübcke geriet dadurch noch stärker ins Visier von Rechtsextremisten, nachdem ihn bereits die rechtsextremistische Terrororganisation »Nationalsozialistischer Untergrund«, kurz: NSU, Jahre bevor die Flüchtlingsthematik in Deutschland heftig diskutiert wurde, auf ihrer rund zehntausend Namen umfassenden »Feindesliste«, auch »Todesliste« genannt, geführt hatte. Frei zum Abschuss, bedeutete das. Auf der Facebook-Seite der AfD wurde mehr oder weniger direkt zum Mord an Lübcke aufgerufen. »Früher wurden Vaterlandsverräter erschossen«, schrieb einer. »Der ist dran, wenn wir dran sind. Dieser hirntote Spinner«, kommentierte ein anderer. Und ein weiterer: »Der gehört sofort erschossen!«

Am 2. Juni 2019 wurde Lübcke in seinem eigenen Haus aus nächster Nähe mit einem Kopfschuss ermordet. Als die ARD-Sendung »Kontraste« »Pegida«-Teilnehmer zu der Tat interviewte, sagte einer der Befragten, ein Mord »alle zwei, drei Jahre aus Hassgründen« sei »völlig normal«. Ein anderer erklärte, Lübcke sei ein »Volksverräter«, wieder ein anderer fand, der Mord an ihm sei »eigentlich bald eine menschliche Reaktion«. Und an allem sei sowieso Bundeskanzlerin Merkel mit ihrer Flüchtlingspolitik schuld.

Darf man sich so äußern? Sind solche Ansichten von der Meinungsfreiheit gedeckt? Unabhängig von einer juristischen Bewertung finde ich: Das geht nicht! So reden wir in einer zivilisierten Gesellschaft nicht miteinander und übereinander. Wir reden nicht der Ermordung eines Menschen das Wort, wir jubeln nicht über den Tod eines Menschen, dessen Meinung wir nicht teilen. Wer sich so äußert, grenzt sich selbst aus – und muss dann auch von uns deutlich ausgegrenzt werden.

Die Grenzen der Meinungsfreiheit

Im Sommer 2019 beschwerte sich ein Lokalpolitiker der AfD in Mecklenburg-Vorpommern bei einem Auftritt von Angela Merkel in Stralsund über fehlende Meinungsfreiheit. »Frau Merkel, Sie haben uns im Namen der Toleranz in eine Diktatur geführt«, sagte er der Bundeskanzlerin. Die Grundrechte seien »zurzeit massiv eingeschränkt«. In Artikel 1 des Grundgesetzes heiße es: »Die Würde des Menschen ist unantastbar.« Dieses Recht habe man »allerdings verwirkt, wenn man sich zurzeit in Deutschland offiziell zur AfD oder als Patriot bekennt, das will ich hier mal offen sagen«.

Merkel wies ihn kühl darauf hin, alleine die Tatsache, dass er jetzt »in Reihe eins« sitze und durch seine Äußerung nicht gefährdet sei, widerlege ihn. Aber selbstverständlich gebe es »Schranken der Meinungsfreiheit, dann nämlich, wenn es die Würde anderer Menschen in Gefahr bringt«.

Umfragen belegen, dass sehr viele Menschen so denken wie dieser Mann. Dass es in nicht unerheblichen Teilen der Bevölkerung ein Missverständnis darüber gibt, was Meinungsfreiheit eigentlich ist. Im Mai 2019 stimmten in einer Allensbach-Umfrage 71 Prozent der Befragten der Aussage zu, heutzutage müsse man aufpassen, zu welchen Themen man sich wie äußere. Vor allem Aussagen über Flüchtlinge, Muslime, den Islam, die Nazizeit und Juden seien heikel. Zu diesen Themen dürfe man sich nur vorsichtig äußern. Frei heraus könne man jedenfalls nicht seine Meinung sagen.

Populisten profitieren von dieser Stimmung, daher ist es wichtig, klarzustellen, was Meinungsfreiheit tatsächlich bedeutet. Ja, Meinungsfreiheit ist, zusammen mit der Versammlungsfreiheit, eine der wichtigsten Grundlagen der Demokratie. Man darf sagen, was man denkt, und man darf sich auch mit anderen zusammentun, um diese Meinung zu verbreiten. Man darf seine Meinung auch vor vielen anderen Menschen mitteilen. In Deutschland ist das ein Grundrecht.

In Artikel 5 des Grundgesetzes heißt es im ersten Absatz: »Jeder hat das Recht, seine Meinung in Wort, Schrift und Bild frei zu äußern und zu verbreiten und sich aus allgemein zugänglichen Quellen ungehindert zu unterrichten. Die Pressefreiheit und die Freiheit der Berichterstattung durch Rundfunk und Film werden gewährleistet. Eine Zensur findet nicht statt.« Die Meinungsfreiheit ist, ebenso wie die Pressefreiheit, verfassungsrechtlich verankert. Das ist schon mal sehr gut.

Schon im nächsten Absatz gibt es aber eine Einschränkung: »Diese Rechte finden ihre Schranken in den Vorschriften der allgemeinen Gesetze, den gesetzlichen Bestimmungen zum Schutze der Jugend und in dem Recht der persönlichen Ehre.« Und: »Kunst und Wissenschaft, Forschung und Lehre sind frei. Die Freiheit der Lehre entbindet nicht von der Treue zur Verfassung.« Treue zur Verfassung also!

Mit anderen Worten: Meinungsfreiheit bedeutet, dass man nicht im Gefängnis landet, nur weil man etwas gesagt hat, was den Herrschenden gerade nicht in den Kram passt. Eine Regierung darf dich für das, was du sagst, nicht verfolgen. Dabei gibt es, zu Recht, Ausnahmen. Zum Beispiel wenn man andere Menschen beleidigt, üble Nachrede betreibt, sie verleumdet, sie bedroht oder gegen sie hetzt. Oder wenn man den Holocaust leugnet. Man darf auch nicht Kindern und Jugendlichen pornografische Geschichten erzählen und sich dabei auf die Meinungsfreiheit berufen. Dafür wird man natürlich juristisch belangt werden. Die Meinungsfreiheit ist hier aus gutem Grund punktuell eingeschränkt. Punktuell, nicht grundsätzlich.

Meinungsfreiheit bedeutet nicht, dass man konsequenz- und kritiklos alles in die Welt blasen darf. Für die Meinungsfreiheit ist nämlich nicht entscheidend, ob jemand meiner Meinung ist oder nicht. Niemand muss meine Meinung teilen, und ich muss niemandes Meinung teilen.

Denn selbstverständlich gilt die Meinungsfreiheit auch für jene Menschen, die eine von einem anderen geäußerte Meinung kritisieren wollen. Die dürfen dann etwa sagen: »Das, was du gesagt hast, ist Unsinn!« Oder: »Deine Meinung ist durch keine Fakten belegt, warum also behauptest du das?« Wenn man etwas Feindseliges zum Beispiel über Menschen einer anderen Hautfarbe oder einer anderen Religion sagt und dafür kritisiert wird, dann ist der Einwand »In Deutschland darf man seine Meinung nicht mehr offen sagen!« lediglich ein Ausdruck dafür, dass dieser Mensch offensichtlich keine Ahnung hat, was Meinungsfreiheit ist. Und Meinungsfreiheit bedeutet auch nicht, dass man sich das Gerede eines anderen Menschen anhören muss. Muss man nicht. Niemand hat ein Recht auf Gehör. Zwar ist es Grundlage eines zivilisierten Miteinanders, dass man dem anderen zuhört (und ihn ausreden lässt und auch andere zu Wort kommen lässt), aber wer ständig Unsinn redet, wird die Erfahrung machen, dass ihm die Zuhörer weglaufen und ihn niemand mehr ernst nimmt.

Aber selbst wer ausschließlich kluge Dinge sagt (was in der Realität wohl kaum vorkommt), hat keinen Anspruch auf Zuhörerschaft. Vielleicht interessiert das Thema niemanden, vielleicht wird der Inhalt auch langweilig dargebracht, vielleicht gibt es ganz andere Gründe, dass man kein Gehör findet. Tatsache ist: Nur weil mir niemand zuhören mag, ist dadurch nicht meine Meinungsfreiheit eingeschränkt.

Kritik an einer Äußerung ist also keine Einschränkung der Meinungsfreiheit des Kritisierten. Wenn einem die eigene Meinung verbal links und rechts um die Ohren gehauen wird, sollte er gründlich über Gegenargumente nachdenken, sich eine Verteidigung überlegen oder, wenn er keine findet, auch einräumen, dass er falsch lag. Er sollte lernen, mit Kritik umzugehen, statt empört zu rufen: »Ich werde in meiner Meinungsfreiheit eingeschränkt!«, denn das ist, mit Verlaub, ziemlich großer Unsinn und eine Flucht in eine vermeintliche Opferrolle.

Selbstverständlich darf man in Deutschland zunächst einmal alles sagen. Wirklich alles. Kritik an der Einwanderungs- und Integrationspolitik (Gab es die je in Deutschland?) ist ebenso erlaubt wie Kritik an der Flüchtlingspolitik von Kanzlerin Merkel oder Kritik an allen Parteien.

Und natürlich darf man auch »den Islam« nicht mögen. Der Punkt ist nur: Es gibt kein Recht auf Widerspruchsfreiheit. Jeder sollte wissen, dass er für das, was er von sich gibt, geradestehen muss, und er sollte sich bewusst sein, dass die Meinungen, die er äußert, Folgen haben können. Offensichtlich ist das noch nicht überall angekommen.

Wer etwas sagt, muss damit rechnen, dass er dafür kritisiert wird, Widerworte zu hören bekommt oder andere Konsequenzen tragen muss. Wer zum Beispiel sagt: »Wir müssen die Türken in Deutschland ausrotten!«, wie ein Angestellter eines mittelständischen deutschen Unternehmens es tat, deshalb seinen Job verliert und daraufhin jammert, in Deutschland gebe es keine Meinungsfreiheit mehr, weil er die Folgen seiner »Meinung« zu spüren bekommt, hat etwas Grundlegendes nicht kapiert.

Und auch dies muss klar gesagt werden: Zwar darf jeder eine eigene Meinung haben, aber nicht jede Meinung ist »gleichberechtigt«. Eine fundierte, gut argumentierte, durchdachte und wohlbegründete Meinung, die auf Wissen und Informationen basiert, ist mehr wert als eine ahnungslose, unreflektierte oder auf falschen Informationen beruhende. Wer ständig nur mit Letzterer kommt, darf sich nicht wundern, irgendwann kein Gehör mehr zu finden. Man kann unterschiedlicher Auffassung sein, aber es gibt keine »alternativen Fakten«. Daniel Patrick Moynihan, US-amerikanischer Soziologe, Diplomat und Senator für den Staat New York, brachte es einmal so auf den Punkt: »Jeder hat das Recht auf eine eigene Meinung, aber niemand hat das Recht auf eigene Fakten.«

Oft geht es bei Auseinandersetzungen nicht so sehr

darum, was kritisiert wird, sondern wie das geschieht. Im Sommer 2019 entschieden zwei Kitas in Leipzig, aus Rücksichtnahme auf muslimische Kinder kein Schweinefleisch mehr anzubieten. Selbstverständlich kann man diese Entscheidung kritisieren. Man kann sagen: »In Deutschland ist Schweinefleisch ein übliches Lebensmittel, deshalb finde ich, dass man Mahlzeiten mit Schweinefleisch auch im Kindergarten anbieten sollte. Die muslimischen Kinder müssen es ja nicht essen.« (Und wenn dann diese Aussage kritisiert würde, wäre das ebenso zulässig, so geht Streiten in einer Demokratie.) Aber stattdessen gab es einen bundesweiten Aufschrei und eine Flut an Briefen und E-Mails, in denen den Betroffenen Gewalt angedroht wurde. »An den Galgen mit dir oder standrechtlich erschießen«, »Frau XXX, Sie führen sofort wieder Schweinefleisch ein, bis 30.7., ansonsten wird die Kita abbrennen, wenn auch zum Nachteil der Kinder. Nein, das ist kein Scherz. Und wenn Sie auch die Polizei einschalten, sie wird brennen. Und Sie werde ich zusammenschlagen, bis dass Sie im Krankenhaus liegen und berufsunfähig sind!!! Also los oder Feuer!«, »Ich werde Sie nicht nur krankenhausreif schlagen, ich werde Sie töten, mit einem Messerstich ins Herz.«

Solche Äußerungen sind kein Ausdruck von Meinungsfreiheit, sondern sie überschreiten die Grenzen eines zivilisierten Umgangs miteinander. Für diejenigen, die sich in so einer Weise äußern, muss das Folgen haben. In diesem Fall sollte es auf jeden Fall eine juristische Konsequenz haben, aber das muss nicht in allen Fällen so sein. Manchmal mag es auch ein politischer, wirtschaftlicher oder sozialer Preis sein, den man zahlen muss. Soziale Ächtung kann eine durchaus wünschenswerte Konsequenz sein. Wenn wir bei solchen Grenzüberschreitungen zu lange wegschauen und schweigen, bis erst das Strafrecht greift, leben wir bald in Barbarei.

Mit anderen Worten: Selbstverständlich ist in einer zivilisierten Gesellschaft nicht alles sagbar. In Diskussionen fällt an dieser Stelle oft ein Spruch, der dem französischen Philosophen und Schriftsteller Voltaire zugeschrieben wird: »Ich missbillige, was du sagst, aber würde bis auf den Tod dein Recht verteidigen, es zu sagen.« Tatsächlich hat Voltaire das weder gesagt noch geschrieben, sondern diese Bemerkung stammt von der Voltaire-Biografin Evelyn Beatrice Hall, die damit Voltaire zu charakterisieren versuchte, aber das ist nebensächlich. Wichtiger ist: So wie Extremisten diesen Satz benutzen, um Kritik an ihnen als Angriff auf ihre freie Meinungsäußerung zu brandmarken, ist er ziemlich großer Unsinn.

Voltaire (beziehungsweise seine Biografin) hat recht: Nur weil ich eine Meinung missbillige, darf ein anderer sie dennoch vertreten. Aber wenn eine Äußerung die Grenzen des zivilisierten Miteinanders, des Anstands oder der Moral überschreitet, muss ich sie keineswegs verteidigen, und »bis auf den Tod« schon gar nicht. Eigentlich ganz einfach, oder? Der vermeintliche Voltaire-Spruch zeigt: Wir müssen hellhörig sein, wenn Extremisten mit irgendwelchen edel klingenden Sprüchen kommen.

Ich las einmal eine ähnliche Aussage: »In der Demokratie kommt es darauf an, auch die Rechte derjenigen zu schützen, die das Gegenteil der eigenen Auffassung vertreten.« Auch dieser Satz klingt nobel, tolerant und für eine Gesellschaft, die auf dem Austausch widerstreitender Meinungen und Interessen beruht, sehr plausibel. In vielen Fällen kann man diesem Satz sicher zustimmen, aber ohne jegliche Einschränkung wird er schlicht falsch. Nehmen wir zwei einfache Beispiele: »Wir foltern keine Menschen. Wir richten auch keine Menschen hin.« Diese Auffassung teilen die allermeisten Menschen in diesem Land. Das Gegenteil dieser Auffassung wäre: »Wir foltern Menschen. Und wir richten Menschen hin.« Letzteres ist in unserer Gesellschaft inakzeptabel und würde auch gegen das Grundgesetz verstoßen. Oder: »Wir sagen nicht ›Neger‹ und grenzen Menschen nicht wegen ihrer Hautfarbe aus.« Das Gegenteil wäre: »Wir sagen ›Neger‹ und grenzen Menschen wegen ihrer Hautfarbe aus.« Letzteres: inakzeptabel! Wenn also das Gegenteil der »eigenen Auffassung« etwas Menschenverachtendes oder Rassistisches ist, schützen wir selbstverständlich nicht das Recht, das äußern zu dürfen, jedenfalls nicht ohne Konsequenzen.

Zusammengefasst: Natürlich gibt es in einer freien Gesellschaft – wie der deutschen – Meinungsfreiheit. Sie bedeutet eben nur nicht, dass man alles folgenlos sagen darf, und schon gar nicht bedeutet Meinungsfreiheit das Recht auf Kritiklosigkeit und Widerspruchsfreiheit. Wer etwas sagt, darf dafür kritisiert werden, muss also mit Widerworten rechnen. Jeder trägt für seine Worte Verantwortung und muss die Konsequenzen für seine Worte tragen. Wer sich beleidigend, drohend, menschenverachtend, neonazistisch, islamistisch, rassistisch oder auf sonstige Weise extremistisch äußert, wer sich also jenseits der

Grenze stellt, die das Recht oder die Gesellschaft ziehen, muss einen Preis dafür zahlen, denn nur so funktioniert zivilisiertes gesellschaftliches Miteinander.

Die Grenzen des Sagbaren

Manche Menschen fragen: »Ja, was darf man denn heutzutage überhaupt noch sagen?« Am liebsten hätten sie es, wenn man ihnen die genauen Grenzen aufzeigt: Sie wünschen sich eine Liste der verbotenen Sätze und Wörter oder ein unsichtbares Wesen auf der Schulter, das einem ins Ohr flüstert, was man sagen darf und was nicht. Aber es gibt keine exakten Sprechanweisungen.

Andererseits: So schwierig ist es nun auch wieder nicht zu entscheiden, was man sagen darf und was nicht. Ja, die Gesellschaft verändert beziehungsweise entwickelt sich, entsprechend verändert und entwickelt sich auch die Sprache. Aber eine Regel gilt nach wie vor, und zwar uneingeschränkt. Ich habe sie, wenn ich mich recht entsinne, im Kindergarten gelernt: »Was du nicht willst, dass man dir tu, das füg' auch keinem andren zu.«

Damals ging es eher um Fragen wie: Darf ich dem anderen das Spielzeugauto wegnehmen? Oder: Ist es in Ordnung, wenn ich den anderen bei den Bauklötzen nicht mitspielen lassen will? Aber im Prinzip trifft diese Regel auf jedes gesellschaftliche Miteinander zu – und damit auch auf Kommunikation, auf Streit, auf das Sagbare.

Man könnte jetzt mit der Bibel kommen, mit dem

Neuen Testament. Schon Jesus sagte: »Alles nun, was ihr wollt, dass euch die Leute tun sollen, das tut ihnen auch!« (Matthäus 7,12) Und als höchstes Gebot überhaupt sagte er: »Du sollst deinen Nächsten lieben wie dich selbst.« (Matthäus 22,39) Und im Alten Testament sagt Gott persönlich: »Du sollst deinen Nächsten lieben wie dich selbst; ich bin der Herr.« (3 Mose 19,18)

Nun mag die Bibel in der heutigen Zeit nicht mehr das Maß der Dinge sein, aber es lohnt sich dennoch, mal über diese Textstellen nachzudenken. Jemanden zu »lieben wie dich selbst«, das finde ich, nun ja, ein hehres Ziel. Mit »Nächsten« ist ja gemeint: Menschen. Du sollst also jeden Menschen lieben wie dich selbst. Das bedeutet: Ich soll auch die lieben, die mich beschimpfen und bedrohen. Ich soll jene lieben, die wissentlich Unwahrheiten verbreiten, die sich danebenbenehmen, die andere Leute ausgrenzen, die Menschenrechte mit Füßen treten. Die soll ich wirklich lieben? Unmöglich! Es reicht ja nicht einmal zum Mögen!

Aber darum geht es nicht.

Das Gebot der Nächstenliebe besagt, dass ich den Nächsten, also auch den Feind, als Menschen behandeln soll. Ich soll mir bewusst machen, dass auch er ein Geschöpf Gottes ist.

Nun muss man nicht unbedingt gläubig sein, um zu verstehen, dass man Menschen wie Menschen behandeln, sie also nicht entmenschlichen soll. Der Humanismus, immerhin eine weltliche Bewegung, hat diesen Gedanken vom Christentum übernommen: Behandle den anderen und dich selbst mit Respekt. Oder, um es mit Immanuel

Kant und seinem grundlegenden Prinzip der Ethik zu sagen: »Handle nur nach derjenigen Maxime, durch die du zugleich wollen kannst, dass sie ein allgemeines Gesetz werde.« Das gilt natürlich nicht nur fürs Handeln, sondern auch fürs Reden. Und es wäre schon viel gewonnen, wenn diejenigen, die ständig von »christlich-abendländischer Kultur« faseln und deren Werte als Argument benutzen, um andere auszugrenzen, dieses Gebot beherzigen würden.

Wenn man herausfinden will, wo die Grenzen des Sagbaren liegen, genügt es also im Grunde, sich zu fragen: Würde ich prinzipiell akzeptieren, dass andere so etwas zu mir sagen? Oder man fragt sich: Würde ich das, was ich sagen oder schreiben möchte, auch meinem Partner, meiner Partnerin, meinen Kindern, meinen Eltern, meinen Freunden zumuten, ohne mich zu schämen? Wenn die Antwort auf diese Frage »nein« lautet, sollte man die Aussage besser für sich behalten. Und ja: Das setzt dem Sagbaren viel engere Grenzen als das Strafrecht. (Ich weiß, bei manchen funktioniert diese Selbstprüfung nicht, weil sie keine Scham kennen …)

Man kann die Grenzen des Sagbaren aber auch anders finden. Es gibt für sie zwei Kriterien: Die eine Grenzlinie ist die der Gleichwertigkeit aller Menschen. Die andere ist die der psychischen und physischen Unversehrtheit aller Menschen. Wer diese Grenzen überschreitet, wer also Menschen abwertet (womit nicht gemeint ist, dass sie nicht kritisiert werden dürfen: Sachliche, argumentierende Kritik ist keine Abwertung!), wer sie psychisch angreift oder mit körperlicher Gewalt bedroht, bewegt sich jenseits des

Akzeptablen. Wer so spricht, sagt Dinge, die unsagbar sein sollten, und grenzt sich selbst aus. So jemand braucht Kontra, mit so jemandem muss man sich streiten, und zwar tüchtig.

So jemand muss spüren, dass Worte Folgen haben, Folgen, die nicht zwangsläufig juristischer Art sein müssen, sondern auch sozialer, wirtschaftlicher, politischer Art sein können. Ich halte es zum Beispiel für richtig, dass ein Mensch wegen solcher Grenzüberschreitungen in den sozialen Medien und in Internetforen gesperrt wird, keine Einladungen mehr erhält, ausgegrenzt wird, seinen Job verliert, eine Geldstrafe zahlen muss oder im Gefängnis landet. Das ist nicht nur erlaubt, sondern meiner Ansicht nach auch wünschenswert. Denn ein zivilisiertes Miteinander ist nur möglich, wenn unziviliertes Benehmen Folgen hat.

Ich weiß, manche Menschen scheuen sich, andere für ihr Verhalten zu sanktionieren. Aber Ächtung markiert die Grenze zwischen dem Sagbaren und dem Unsagbaren, zwischen anständigem und unanständigem Verhalten (und Reden), zwischen demokratischem und demokratiefeindlichem Diskurs. Zu glauben, man müsse Leuten jenseits dieser Grenze entgegenkommen, dem Gegner nur ein bisschen zustimmen, dann werde er schon von seiner radikalen, unanständigen, demokratiefeindlichen Position ablassen, ist eine Illusion. Auf Pöbler und Populisten einzugehen hat noch nie funktioniert und wird auch in Zukunft nicht funktionieren.

Die Kunst ist, die richtige Balance zu finden zwischen Regeln und Freiheit. Höre und lese ich, was Vertreter der

AfD hierzulande oder Trump & Co. auf internationaler Bühne von sich geben, weiß ich: Solch eine Balance gibt es derzeit nicht mehr. Umso stärker sollten wir uns anstrengen, den Regeln eines zivilisierten Miteinanders wieder mehr Geltung zu verschaffen.

Was ich sage, ist nicht das, was du hörst

Im August 2019 sagte der CDU-Politiker Carsten Linnemann in einem Interview mit der Deutschen Presse-Agen-
tur (dpa): »Ein Kind, das kaum Deutsch spricht und versteht, hat auf einer Grundschule noch nichts zu suchen.
Hier muss eine Vorschulpflicht greifen, notfalls muss seine
Einschulung auch zurückgestellt werden.«

Den Gedanken, dass es Kinder ohne Deutschkenntnisse
schwer in der Schule haben, dass sie benachteiligt sind
gegenüber anderen Kindern und daher gefördert werden
müssen, finde ich richtig. Ob sie »auf einer Grundschule
noch nichts zu suchen« haben und besser erst in die Vor-
schule müssen, darüber kann man allerdings streiten. Es
ließe sich auch argumentieren, dass das Erlernen der deutschen Sprache am besten funktioniert, wenn ein Kind zur
Schule geht, dort mit anderen Kindern Umgang hat und
sprachlichen Förderunterricht bekommt. Viele, sehr viele
Kinder lernen sehr schnell Deutsch, wenn sie zur Schule
gehen und der neuen Sprache im Umgang mit Lehrerinnen und Lehrern, vor allem aber mit ihren Freundinnen
und Freunden täglich ausgesetzt sind.

Als ich in Deutschland als Sohn pakistanischer Einwan-
derer geboren wurde, sagten einige unserer Verwandten in

Pakistan, meine Eltern sollten mich doch für meine ersten Lebensjahre zu ihnen nach Karatschi schicken, damit ich dort aufwachse, Urdu lerne und mit »unserer« Kultur vertraut werde, während meine Eltern erst einmal in Deutschland Fuß fassen. Kurz vor der Einschulung könnte ich dann nach Deutschland ziehen.

Für meine Eltern kam es nicht in Frage, über diesen Vorschlag auch nur nachzudenken. Sie wollten mich bei sich haben, wollten, da sie unsere Zukunft in Deutschland sahen, dass ich hier aufwachse und von klein auf auch Deutsch lerne. Hätten sie anders entschieden, hätte ich es ungleich schwerer gehabt, nicht nur in der Schule. Gleichwohl kenne ich viele Menschen, die erst spät Deutsch gelernt haben und dennoch ihren Weg gegangen sind – gerade weil sie in der Schule die Chance bekamen, in die Sprache hineinzuwachsen. Bei Kindern aus Flüchtlingsfamilien kann man ebenfalls beobachten, wie schnell sie Deutsch lernen. Bereits nach ein, zwei Jahren kann man mit vielen von ihnen Unterhaltungen führen wie mit in Deutschland aufgewachsenen Kindern auch.

Man könnte also sagen: »Wir müssen uns darum kümmern, dass Kinder möglichst schnell ein sprachliches Niveau erreichen, das ihnen das Mitkommen in der Schule ermöglicht. In erster Linie müssen sich Eltern darum kümmern, und wo das nicht der Fall ist, weil die Familie zum Beispiel erst kürzlich nach Deutschland gezogen ist, müssen andere Mechanismen greifen. Da braucht es zum Beispiel einen Förderunterricht.« Diese Aussage zeigt eine konstruktive Haltung.

Man kann auch sagen: »Deutsch ist Voraussetzung für

den Schulunterricht! Kinder, die kein Deutsch können, haben an unseren Schulen nichts zu suchen!« Diese Aussage befasst sich zwar mit demselben Problem – der Schulfähigkeit von Kindern ohne ausreichende Deutschkenntnisse –, geht aber in eine völlig andere Richtung. Sie ist vom Ton her destruktiv, und sie grenzt aus.

Am Beispiel Linnemann sieht man, wie wichtig es ist, seine Worte genau abzuwägen. Er hat sich vielleicht nicht destruktiv, aber auch nicht gerade konstruktiv ausgedrückt. Mit keinem Wort erwähnte er Begriffe wie »Förderunterricht« oder »fördern«. Weil er, der Konservative, zuvor im Interview mehrere von Flüchtlingen begangene Übergriffe und Straftaten erwähnt und das mit den Worten: »Das alles wühlt die Menschen auf und befeuert die Sorge, dass neue Parallelgesellschaften entstehen«, kommentiert hatte, wurde ihm eine bestimmte Haltung zugeschrieben. Da Linnemann die Formulierung »hat auf einer Grundschule noch nichts zu suchen« verwendete, wurde seine Aussage als Versuch verstanden, Kindern, die kein oder nur schlecht Deutsch können, den Zugang zu Schulen zu verwehren. Selbst die der politischen Parteinahme unverdächtige Presseagentur dpa überschrieb ihre Meldung mit: »CDU-Politiker: Grundschulverbot für Kinder, die kein Deutsch können«. Dabei war das Wort »Grundschulverbot« in dem Interview gar nicht gefallen.

Nach der Veröffentlichung seiner Aussagen wurde Linnemann nicht nur mit Kritik, sondern mit Beschimpfungen überhäuft, die sich aber genau am Begriff »Grundschulverbot« festmachten – auch aus der eigenen Partei. Die dpa gestand ihren Fehler ein, löschte einen Tweet mit dem entsprechenden Wort und berichtigte ihre Meldung. »Linnemann hat nicht von einem Grundschulverbot gesprochen. Wir haben mit dieser selbst gewählten Formulierung die Äußerungen über ein journalistisch zulässiges Maß hinaus zugespitzt und zudem den Eindruck erweckt, es handle sich um ein Zitat. Das bedauern wir«, verbreitete die Nachrichtenagentur.

Dieses Beispiel zeigt die Fallstricke der Kommunikation. Es kommt nicht nur darauf an, was ich sage, sondern auch auf viele weitere Faktoren: wer ich bin beziehungsweise für wen ich gehalten werde, wo ich politisch verortet werde, wie ich etwas sage, mit welchen Worten.

Dem Sender-Empfänger-Modell der Kommunikation zufolge, das der britische Soziologe Stuart Hall in den 1980er Jahren entwickelte, ist Kommunikation die Übertragung einer Nachricht von Sender A zu Empfänger B. Damit der Inhalt der Nachricht eindeutig verstanden wird, müssen beide, A und B, über den gleichen Code verfügen, sprich: dieselbe Sprache sprechen, einen vergleichbaren Wissens- und Erfahrungsstand und eine vergleichbare Sozialisierung haben et cetera, damit sie unter einem Begriff nicht jeweils etwas anderes verstehen. Nach Hall hat jeder Kommunikationsvorgang sieben Schritte:

1. A will etwas sagen, er hat eine Absicht.
2. Er findet dafür Worte.
3. Er spricht die Worte aus oder schreibt sie auf.
4. Die Nachricht wird übermittelt.
5. B empfängt die Nachricht, er liest sie oder hört sie.
6. B erfasst die Worte, er übersetzt sie für sich.
7. Er interpretiert ihre Bedeutung.

Nun kann B mit seiner Antwort einen neuen Kommunikationsvorgang einleiten, indem er antwortet. Die Antwort zeigt A, ob B seine ursprüngliche Nachricht verstanden hat.

In einer Kommunikation, so Hall, ist die Wirkung, die die Worte von A bei B erzielen, entscheidender als die Absicht, die A übermitteln wollte. Mit anderen Worten: Entscheidender als das, was A sagen wollte, ist, was B versteht. Denn davon hängt der weitere Verlauf der Kommunikation ab.

Genau deshalb ist wichtig, dass man seine Worte so wählt, dass sie richtig verstanden werden. Und: Kommunikation ist komplizierter, als man gemeinhin annimmt, denn bei jedem der sieben Schritte können Fehler passieren und die Kommunikation misslingen lassen.

Beim Beispiel des Linnemann-Interviews könnte man natürlich die Haltung vertreten, der CDU-Politiker habe sich doch klar geäußert und nichts Falsches gesagt. Ich denke jedoch, es wäre klug gewesen, sich deutlicher auszudrücken. Vielleicht hätte er auf die Worte »nichts zu suchen« verzichten und ein, zwei weitere Sätze darauf verwenden können, seine Position präziser zu formulieren und keinen Spielraum für Interpretationen zu lassen. In Zeiten, in denen Debatten über »Ausländer«, »Fremde«, »Flüchtlinge«, »die Muslime« unsachlich geführt werden, hätte ich ihm zu mehr Sorgfalt und Vorsicht geraten, nicht zuletzt, um seine Position klarer zu machen und sich die Beschimpfungen zu ersparen.

Und die Empfänger, in diesem Falle vor allem die Journalisten der dpa, hätten genauer hinhören, besser verstehen und die zugespitzte Interpretation unterlassen müssen – eben auch gerade jetzt, wenn über solche Themen so erhitzt gestritten wird.

Wer darf was sagen?

Es ist eine Idealvorstellung, dass alle Menschen mit den gleichen Chancen ins Leben starten und die gleichen Rechte haben. Unter realen Bedingungen ist das natürlich nicht der Fall, und schon gar nicht sind alle Menschen gleich. Dass nicht alle die gleichen Chancen haben, ist beklagenswert und sollte Ansporn für uns alle sein, das zu ändern. Dass die Menschen selbst nicht alle gleich sind, ist hingegen wunderbar.

Auch »gleiches Recht für alle« gilt in unserer Gesellschaft nicht uneingeschränkt, vor allem wenn es um Kommunikation geht. Theoretisch darf das, was Mensch A sagt, auch Mensch B sagen. Aber je nachdem, wer Mensch A und Mensch B sind, werde ich ihre Aussagen sehr unterschiedlich auffassen.

Ein Beispiel: Ich war einige Jahre beim Militär. Der Ton ist dort rauer als im Rest der Gesellschaft, man brüllt und flucht ein bisschen öfter. Kürzlich war ich mit einem Weggefährten aus jener Zeit – er ist, wie ich, längst kein Soldat mehr – unterwegs. Als wir nach einer Pause aufbrechen wollten, sagte er zu mir: »So, Kazim, jetzt setz mal deinen fetten Arsch in Bewegung!« Das ist natürlich eine Unverschämtheit und überhaupt sehr unhöflich, aber da wir uns aus dem militärischen Kontext kennen, wusste ich, wie er das meinte. Er durfte sich mir gegenüber diese Ausdrucksweise erlauben. Andere dürfen das nicht. Wenn mir also ein Fremder so etwas sagen würde, wäre ich, nun ja, ziemlich irritiert. Ich würde es ihm nicht folgenlos durchgehen lassen und wahrscheinlich etwas Deftiges entgegnen.

Womit wir wieder beim Grundlegenden wären: Natürlich *darf* jeder das Gleiche sagen, aber die Konsequenzen auf das Gesagte können sehr unterschiedlich sein.

Wenn ich sage: »Das Gejammere vieler Menschen in Deutschland geht mir auf die Nerven!«, hat es eine andere Wirkung, als wenn die Bundeskanzlerin diesen Satz sagte. Die Regierungschefin steht anders in der Öffentlichkeit als ich, sie hat eine andere Rolle, ihr Wort hat anderes Gewicht. Ihre Worte sind viel wirkmächtiger als meine. Das hat zur Folge, dass ich bei der Wahl meiner Worte eine größere Freiheit habe als sie. Sprich: Sie darf bestimmte Dinge nicht sagen, die ich sehr wohl sagen darf.

Wenn ein anerkannter Experte für Infektionskrankheiten Ihnen sagt: »Ich glaube, dieser Virus, den Sie sich eingefangen haben, ist ziemlich gefährlich«, hat es ein anderes Gewicht, als wenn ich Ihnen das sage.

Kürzlich traf ich einen Gastronomie-Kritiker, mit dem ich mich über Restaurants, gutes Essen und Köche unterhielt. Ich bin mir sicher, dass er nicht über objektive, unbestechliche Kriterien verfügt, nach denen er urteilt. Aber weil er ein großes Wissen hat und viele gute Geschichten erzählen kann, höre ich ihm gerne zu. Seine Meinung über Essen und Restaurants interessiert mich mehr als die eines Menschen, der weniger über das Thema weiß.

Ich messe der Meinung eines Afrika-Experten, der viele Jahre in einem afrikanischen Land gelebt und den gesamten Kontinent bereist hat, auch größere Bedeutung zu als einem Touristen, der zwei, drei Wochen in Namibia oder Tansania Urlaub gemacht hat. Was nicht heißen soll, dass ich nicht gerne Urlaubserlebnisse höre. Sie haben nur ein anderes Gewicht, eine andere Bedeutung.

Neben der gesellschaftlichen Position, dem Beruf und dem Wissen zu einem bestimmten Thema spielt auch die Gruppenzugehörigkeit eine Rolle: Natürlich macht es einen Unterschied, ob man Teil der Gruppe ist, über die man sich äußert. Wir kennen das von Witzen: Wenn ein Jude einen Judenwitz macht, ist es etwas anderes, als wenn ein Nichtjude den Witz macht. Es ist eine durchaus komplizierte Angelegenheit: Natürlich dürfen, um bei diesem Beispiel zu bleiben, auch Nichtjuden Judenwitze machen – aber möglicherweise kommen die ganz anders an als dieselben Witze aus dem Mund eines Juden. Wer erzählt den Witz? In welcher Situation? An welches Publikum gerichtet? Es gibt keine klaren, allgemeingültigen Regeln, sondern es erfordert ein gewisses Maß an sozialer Intelligenz, an Feingefühl, an Gespür für Stimmungen und Empfindlichkeiten.

Vor einiger Zeit sagte ein österreichischer Journalist in größerer privater Runde: »Österreich ist ein zum Staat aufgeblasener Minderwertigkeitskomplex.« Die Zuhörer reagierten zwar nicht alle amüsiert, nahmen es aber doch mehr oder weniger gelassen hin: Haha, höhö, ist das wirklich so?, muss man das denn so sagen?, na ja, irgendwie lustig! Hätte er denselben Satz zum Beispiel vor laufender

Kamera, vielleicht in einer Talkshow, gesagt oder in einem Zeitungskommentar geschrieben, hätte es gewiss einen Aufschrei gegeben. Und hätte ein Ausländer, gar ein Deutscher, diesen Satz öffentlich gesagt, es wäre wahrscheinlich Krieg ausgebrochen.

Mit anderen Worten: Jeder darf zwar alles sagen, aber es hat nicht bei jedem das gleiche Gewicht und daher auch nicht die gleiche Wirkung. Es kommt darauf an, wer in welchem Rahmen, in welcher Situation etwas sagt. Nicht jeder sollte alles sagen. Und nur weil A etwas sagt und dafür ernst genommen wird, heißt das noch lange nicht, dass B mit dieser Aussage ebenfalls gehört, geschweige denn ernst genommen wird. »Das ist doch ungerecht!!!!«, wird der wütende Schreiber jetzt in die Tastatur hacken. Ja. So ist das Leben. Gewöhnt euch dran.

Alles nur eine Frage des Tons?

Sprache schafft gesellschaftliches Klima. Deshalb ist es natürlich wichtig, *wie* man etwas sagt. Es ist immer ein guter Rat, seine Worte wohlüberlegt zu wählen. Der Ton macht die Musik: Welche Worte ich verwende und ob ich sie flüstere oder brülle, kann einen enormen Unterschied machen. Das gilt auch im Schriftlichen: IN GROSSBUCHSTABEN SCHREIBEN IST WIE SCHREIEN! Und viele Ausrufezeichen benutzen ebenso!!!!!!!!!! (Einfache Regel: Schreibe NIE ausschließlich in Großbuchstaben, außer du möchtest etwas BETONEN. Und verwende Ausrufezeichen grundsätzlich sparsam – und wenn überhaupt, dann nur eines! Niemals zwei!! Oder gar mehr!!!!!!)

Ein Beispiel: Im September 2019 wandte sich der Sänger Herbert Grönemeyer auf einem Konzert in Wien an das Publikum und rief: »Wenn Politiker schwächeln, und das ist in Österreich, glaube ich, nicht anders als in Deutschland, dann liegt es an uns zu diktieren, wie eine Gesellschaft auszusehen hat.« Wer versuche, »Zeiten, die so zerbrechlich sind« und »so eine Situation der Unsicherheit zu nutzen für rechtes Geschwafel, für Rassismus, Ausgrenzung und Hetze, der ist fehl am Platz. Diese Gesellschaft ist offen, humanistisch, bietet Menschen Schutz. Kein Millimeter nach rechts! Kein Millimeter nach rechts!«

Nun hat Grönemeyer schon öfter solche Sachen gesagt, die Aussage »Kein Millimeter nach rechts!« kommt auch in einem seiner Lieder vor. Es wird immer Leute geben, die sich über Engagement gegen Rechtsextremismus aufregen, aber diesmal sorgte sein Statement für Empörung weit über den Kreis der üblichen Verdächtigen hinaus. Denn im Internet kursierte ein Video seines Auftritts, das besonders große Aufmerksamkeit erhielt, weil Außenminister Heiko Maas den Clip auf Twitter teilte und schrieb: »Es liegt an uns, für eine freie Gesellschaft einzutreten und die Demokratie gemeinsam zu verteidigen. Danke an Herbert #Groenemeyer und allen anderen, die das jeden Tag tun.« In dem Video hörte man, dass Grönemeyer mehr brüllte als sprach. Er stand auf der Bühne, vor ihm das Publikum, das auf den Bildern wie eine große dunkle Menge wirkte, die ihm zujubelte.

Manche fanden die Art und Weise, wie sich der Sänger geäußert hatte, »unheimlich«, andere »unpassend«. Selbst Menschen, die sich gegen rechts engagieren, sagten das. Der Autor und Dramaturg Bernd Stegemann, der einen »linken Populismus« als Mittel gegen Rechtspopulisten fordert, schrieb: »Der Tonfall, mit dem Grönemeyer sein Publikum politisch anheizt, macht mir ein wenig Angst. Ich sag's ungern, aber er klingt wie ein Redner vor 1945.« Verglich er Grönemeyer ernsthaft mit Adolf Hitlers Propagandaminister Joseph Goebbels? Nur wegen der Lautstärke? Goebbels hatte 1943 im Berliner Sportpalast geschrien: »Wollt ihr den totalen Krieg?« Grönemeyer hingegen hatte in der Wiener Stadthalle gebrüllt: »Diese Gesellschaft ist offen, humanistisch, bietet Menschen Schutz. Kein Millimeter nach rechts!« Wie konnte man das miteinander vergleichen?

Vor allem Rechtspopulisten und Rechtsextremisten nutzten die Chance und hielten Grönemeyer vor, dass er »laut« und »einpeitschend« gesprochen habe, dass er »diktieren« wolle, wie eine Gesellschaft auszusehen habe, also einer »Diktatur« das Wort rede. Anders als Stegemann sprachen sie den Namen des Mannes aus, den sie mit Grönemeyer gleichsetzten: Goebbels.

Die frühere CDU-Politikerin und AfD-Unterstützerin Erika Steinbach schrieb allen Ernstes auf Twitter: »Aus diesem Holz sind Diktatoren geschnitzt. Und der Außenminister steht diesem Anti-Demokratie-Gröler in nichts nach.« Die AfD-Politikerin Beatrix von Storch schrieb: »Der Außenminister will wie ausdrücklich #Groenemeyer die #Diktatur. Das ist die furchterregendste, übelste, totalitärste Hassrede, die ich je gehört habe. Das ist Ton und Furor des neuen Terrors von links. Wer das unterstützt, ist – wie @HeikoMaas – ein Fall für den Verfassungsschutz.«

Steinbach, Storch und andere verstanden die Rede Grönemeyers vermutlich absichtlich falsch, sie verwiesen auf seinen Ton und konstruierten daraus eine diktatorische Gesinnung und eine Gefahr für die Demokratie. Ich bin überzeugt, dass sie und Menschen ihrer politischen Gesinnung den Ton seiner Aussage nur vorschoben, weil ihnen in Wahrheit der Inhalt nicht passte. Dass ausgerechnet Rechtsextremisten ihre Kritiker als »Hassredner« und

»Terroristen« bezeichnen und damit als Feinde der Demokratie brandmarken, was tatsächlich ja sie selbst sind, ist nun wirklich bescheuert. Aber dass selbst Leute, die dem Inhalt von Grönemeyers Aussage zustimmten, den Ton befremdlich fanden, zeigt, dass nicht nur das Was, sondern eben auch das Wie des Redens von Bedeutung ist.

Der Musiker wäre also gut beraten gewesen, hätte er seine Sätze einfach ein paar Dezibel leiser, jedenfalls nicht brüllend vorgetragen. Es hätte genützt, wenn er auf das Wort »diktieren« verzichtet und stattdessen gesagt hätte: »Wenn Politiker schwächeln, und das ist in Österreich, glaube ich, nicht anders als in Deutschland, dann liegt es an uns, sich für Demokratie einzusetzen.«

Man mag über die Kritik an Grönemeyers Auftritt den Kopf schütteln und die Meinung vertreten, dass man ja wohl auch laut gegen rechts protestieren dürfe. Man mag sich darüber aufregen, wie man Grönemeyer mit Goebbels, wie man die Forderung nach mehr Humanismus mit der Aufstachelung nach noch schlimmerem Krieg vergleichen kann – Tatsache ist, dass Menschen es aufgrund des Tons getan haben, den Grönemeyer angeschlagen hatte. Auch wenn man mit ihm inhaltlich komplett einer Meinung ist: Es wäre dennoch klüger gewesen, einen anderen Ton zu wählen.

Doch Achtung: Natürlich ist nicht der Ton allein entscheidend. Nicht nur kommen manchmal freundliche Dinge in recht schroffem Ton daher. Wer mal mit Wiener Schmäh zu tun hatte, wird das sogar häufig erlebt haben. Man missversteht das dann als Unfreundlichkeit. Sondern umgekehrt nutzen Extremisten nicht selten einen sanften Ton, um die Bösartigkeit ihrer Aussagen zu kaschieren. Man kann auch leise bösartig sein. Da kommen Rechtsextremisten dann als Bürgerliche rüber und islamische Extremisten als gottesfürchtige Menschen. Nationalsozialisten haben monströse Dinge zum Teil sehr ruhig und in geschliffenem Deutsch verkündet – und konnten, wenn sie nicht gerade ihre mörderischen Pläne verfolgten, durchaus liebevolle Familienväter sein. Taliban-Kommandeure sagen bisweilen lächelnd und mit sanfter Stimme, dass man mit »Ungläubigen nicht kooperieren« solle, worunter sie gelegentlich auch das Töten von Nichtmuslimen verstehen. Und natürlich ist das auch die Masche der AfD: dass sie in demokratischem Gewand zum Teil verbindlich und seriös daherkommt und betont, bürgerlich zu sein.

Mit anderen Worten: Es gibt Wölfe im Schafspelz. Und, seltener, Schafe im Wolfspelz. Extremismus und Menschenverachtung erkennt man nicht zwangsläufig an der Form. Aber wenn die Form nicht stimmt, werden Inhalte erst recht missverstanden. Es geht also nicht nur darum, in Debatten den richtigen Ton zu treffen, sondern auch genau zuzuhören, was der andere sagt. Sprache ist wie ein Gewand – man kann sich mit ihr gut verkleiden und die Zuhörer täuschen. Im Idealfall passen Ton und Inhalt zueinander.

Auch mit dem Duzen und Siezen ist das so eine Sache. Das Siezen ist klar auf dem Rückmarsch, aber darf man jemanden einfach duzen? Hier ein paar Argumente, die ich in meinem E-Mail-Postfach dazu finde: »Im Internet wird geduzt, Punkt!« Oder: »Im Englischen gibt es eh nur

›you‹, also was soll dieser Quatsch mit dem ›Sie‹?« Oder: »Ich finde die neue, jugendliche, lässige Haltung gut: Wir duzen uns alle. Spricht für flache oder sogar keine Hierarchien.«

Ich kann diese Argumente zwar nachvollziehen, teile sie aber nicht. Im Deutschen, wie in anderen Sprachen, gibt es nun mal die Unterscheidung zwischen »Du« und »Sie«. Das kann man doof finden, ich persönlich finde aber, dass es sehr wohl etwas über das Verhältnis zwischen Menschen aussagt. Dabei hängt es von den Umständen ab: Ein »Sie« bedeutet nicht unbedingt Distanz, es kann auch Respekt bedeuten und Freundschaft. Ein »Du« wiederum steht nicht zwangsläufig für Nähe oder Kumpelhaftigkeit – es kann auch durchaus abfällig gemeint sein. Ich habe in meinem Leben häufiger erlebt, dass ich als Mensch mit dunklerer Hautfarbe in völlig unpassenden Situationen einfach geduzt wurde, während andere Menschen in vergleichbarem Alter in derselben Situation gesiezt wurden. Ich habe das immer als abwertend empfunden.

Andererseits verstehe ich, dass die Gesellschaft stets Veränderungen unterliegt, sie ist sozusagen ständig im Fluss, und die verbreitete Nutzung des »Du« im Internet gehört dazu. Ich persönlich habe grundsätzlich überhaupt nichts gegen das Duzen – ich finde aber, man sollte fragen, bevor man jemanden duzt, und die Situation, die Beziehung, die Stimmung sollte diese sprachliche Nähe hergeben. Natürlich gilt das auch umgekehrt: Wenn alle sich duzen, mutet es merkwürdig an, wenn eine einzelne Person, die vielleicht nicht einmal älter oder hierarchisch übergeordnet ist, gesiezt wird. Das hat dann etwas Ausgrenzendes.

Ob ich jemanden duze oder sieze, zählt auch zu der Frage, in welchem Ton ich kommuniziere. Ich duze nicht einfach so, auch nicht im Internet. Andererseits kommt es vor, dass ich gelegentlich von Leuten, die zumindest ihrer Sprache nach alt klingen, oberlehrerhaft zurechtgewiesen oder gar beschimpft werde. Die duze ich sehr gerne, alleine schon, um sie damit auf die Palme zu bringen.

An dieser Stelle ein Beispiel dafür, wie ein unangemessener Ton in einer schriftlich geführten Auseinandersetzung dazu führt, dass ich das Gespräch beende: Ich habe für SPIEGEL ONLINE einen Artikel über ein Holzhochhaus in Wien geschrieben, eines der höchsten Gebäude aus Holz der Welt. Ich zitiere darin Experten, die sagen, Holz werde im Falle eines Feuers nicht plötzlich weich, wie es bei Stahl der Fall sei. Das sei ein Grund dafür gewesen, dass die beiden Türme des World Trade Centers in New York in Folge der Terroranschläge am 11. September 2001 eingestürzt seien.

✉ Ein Leser, Andreas H., schreibt mir dazu per E-Mail am 27. August 2019:

Guten Tag,

wenn Sie schon die beiden Türme des WTC als Beispiele heranziehen, dann sollten Sie auch endlich beginnen, das dritte Gebäude (WTC7) zu erwähnen. Dieses ist, wie Sie wahrscheinlich wissen, auch am 11.09.2001 eingestürzt! Glaubt man dem offiziellen Bericht, dann war es ja bei diesem Gebäude tatsächlich ein Brand, der Stahl (1 Säule von mehreren Dutzend) weich gemacht haben soll!

Aus genau diesen Gründen (verschweigen von Informationen) verlieren Sie als Journalisten immer mehr an Glaubwürdigkeit und Vertrauen! Vielleicht nicht Lügenpresse, aber Verschweigerpresse trifft es. Oder Vernebler, Verdreher etc.

Also, beginnen Sie richtig zu recherchieren und zu berichten, dann wirds vielleicht wieder was mit Ihrem Berufsbild.

Andreas H.

Die Kritik, die er vorbringt, ist in Ordnung, die Art, wie er sie formuliert, ist es nicht. Hätte er mich im angemessenen Ton kritisieren wollen, hätte er schreiben können:

✉ Guten Tag,

Sie schreiben in Ihrem Artikel über das Wiener Hochhaus von zwei Türmen des World Trade Centers. Es sind aber doch drei Gebäude eingestürzt. Warum erwähnen Sie also nur zwei Gebäude?
Mit freundlichen Grüßen
Andreas H.

Dann hätte ich ihm geantwortet, dass ja gemeinhin von den eingestürzten »Zwillingstürmen« die Rede ist und es ja auch diese beiden Türme waren, die zum Symbol New Yorks geworden sind. Es geht mir wirklich überhaupt nicht darum, irgendetwas zu »verschweigen« oder jemanden in die Irre zu führen.

Wenn man mir eine Frage stellen oder mich auf einen (vermeintlichen oder wirklichen) Fehler hinweisen möchte, erwarte ich keine hochgestochenen Formulierungen oder Ehrerbietung und Unterwürfigkeit. Ich erwarte aber, dass man mir keine Unterstellungen und Beschimpfungen an den Kopf wirft. Das ist schlicht eine Frage von Anstand, Respekt und zivilisiertem Miteinander und sollte in der Kommunikation zwischen zwei Menschen selbstverständlich sein.

✉ Daher antworte ich ihm:

Hallo Herr H.,

Sie sollten vielleicht mal an Ihrem Ton arbeiten, an der Art zu kommunizieren und zu kritisieren. Ich weiß nicht, wo Sie da etwas verpasst haben, ob in Ihrem Elternhaus oder an der Schule, aber so, wie Sie das machen, führt es dazu, dass man Sie ignorieren wird. Sie haben inhaltlich einen Punkt, auf den ich eingegangen wäre, hätten Sie ihn freundlich, höflich oder zumindest zivilisiert vorgetragen. So landet er einfach in der Ablage.

Viele Grüße

HK

✉ Seine Antwort prompt:

Guten Tag,

wundern Sie sich wirklich über meinen Ton? Ich finde, so wie Sie und Ihre Kollegen schreiben, was Sie schreiben, was Sie weglassen, wie Sie immer Nato-konform berichten, einfach unerträglich.

Auf freundliche Mails haben Ihre Kollegen und vielleicht Sie (ich weiß nicht, ob ich Ihnen schon einmal geschrieben habe) niemals reagiert. Ihre Antwort ist die erste, die ich aus Ihrem Hause bekomme! Dafür vielen Dank! Weder in der Schule noch in meinem Elternhaus habe ich etwas verpasst. Ich habe aufgegeben freundliche Mails zu schwierigen Themen zu schreiben!

Schönen Tag und Gruß

A. H.

Diese Mail ist im Ton freundlicher, aber kein Wort der Entschuldigung, kein Einräumen, dass er sich in der ersten Mail im Ton vergriffen hat und dies künftig nicht mehr tun wird. Stattdessen beharrt er darauf, dass er jedes Recht habe, sich so zu äußern.

✉ Ich antworte ihm daher:

»Ich habe aufgegeben, freundliche Mails zu schwierigen Themen zu schreiben!« – das ist gleichbedeutend mit: Ich habe aufgehört, mich zivilisiert zu benehmen, sondern lasse mich gehen. Daher: Tschüss. Das war auch die letzte Mail, die Sie von mir erhalten haben.

✉ Er antwortet:

Das ist ja eine lustige Interpretation! Meine zweite Mail an Sie war schon etwas versöhnlicher, wie ich finde! Für mich eher ein Zeichen, dass Sie auf das schwierige Thema WTC7 nicht eingehen möchten! Schade, dass Sie dazu offenbar nicht bereit sind.
Nu denn Tschüss

Sicher, ich hätte den Dialog fortsetzen können. Bei Hunderten, manchmal mehr als tausend Zuschriften am Tag kann ich aber nicht jedem antworten – und da hat jemand, der sich nicht in vernünftigem Ton unterhalten kann, dann eben das Nachsehen.

Merke: Wer in angemessenem Ton kommuniziert, hat größere Chancen, Gehör zu finden. Streit darf natürlich auch mal überspitzt, manchmal deftig, mit harten Worten geführt werden. Aber er muss doch eine zivilisierte Form wahren. Wenn schon die erste Frage so aggressiv daherkommt und dann, nach dem Hinweis auf seinen Ton, keine Entschuldigung erfolgt, dann will dieser Mensch keine sachliche Auseinandersetzung, sondern er will Dampf ablassen. Das kann er gerne machen – aber ich habe gerade keine Lust darauf, daher: nicht bei mir.

Schreiben oder sprechen?

Gelegentlich werde ich gefragt, was besser ist, der schriftliche Streit oder der von Angesicht zu Angesicht. Für mich ist die Antwort klar: Meistens ziehe ich den Streit von Person zu Person einer schriftlichen Auseinandersetzung vor. Da streitet man direkt, sieht seine Aussagen, Behauptungen, Meinungen und Vorwürfe unmittelbar gespiegelt und kann Missverständnisse sofort ausräumen und Dinge erklären. Man sieht, wie der Mensch gegenüber reagiert, er kann sich wehren, Anschuldigungen entkräften, argumentieren, das Gegenteil beweisen, deeskalieren, und er hat eine größere Chance, angehört zu werden, als im schriftlichen Austausch. Das Wichtigste aber: Im persönlichen Gespräch ist die Wahrscheinlichkeit eines Hassausbruchs oder einer Gewaltandrohung relativ gering. Die Hürde, im direkten Miteinander zu beleidigen, zu beschimpfen, zu drohen, ist höher, als wenn man mit einem unsichtbaren Gegner streitet, wie es im E-Mail-Streit, im Chat oder in Internetforen der Fall ist – auch wenn ich feststelle, dass der Ton im direkten Miteinander sich ganz allgemein verschärft hat.

Dabei ist gegen den schriftlichen Streit prinzipiell nichts einzuwenden – nur beherrschen ihn viele leider nicht.

Das mag auch an der Entwicklung unserer Kommunikationsmöglichkeiten liegen. Als man Streit noch per Brief führte, brauchte das Zeit: Man musste auf die Post warten und konnte sich mitunter über Tage und Wochen Gedanken machen, wie man etwas formulieren oder was man auf ein Argument antworten könnte. Heute können lange Wortgefechte innerhalb kürzester Zeit von einem Ende der Welt zum anderen geführt werden, und Auseinandersetzungen entgleisen schnell.

Sicher, der Vorteil des schriftlichen Streits ist, dass man immer wieder nachlesen kann, was man selbst und was der andere geschrieben hat. Und obwohl es immer klug ist, sich erst einmal gründlich Gedanken zu machen, was man äußern will, sieht die Praxis meist anders aus: Da wird schnell etwas abgefeuert oder eine Antwort zurückgeschossen, ohne lange über den Ton und den Inhalt nachzudenken. Mitunter schaukelt man sich hoch und wird emotionaler, als es einer sinnvollen Diskussion guttut. Zudem kommt es im schriftlichen Streit selbst bei ausgefeilten Formulierungen oft zu Missverständnissen, weil man den Ton des Gegenübers nicht zwischen den Zeilen herauslesen kann. Ist da ein Augenzwinkern dabei? Ein Lächeln? Oder schwingt da etwas Bösartiges mit? Man interpretiert in das Geschriebene etwas hinein, oft etwas Negatives, und schon geht der Streit in eine Richtung, in die er eigentlich nicht laufen sollte. Von Angesicht zu Angesicht geschieht so etwas seltener, da kann man mit Gestik und Mimik, der Lautstärke, der Art, wie ich etwas sage, viel mehr Botschaften gleichzeitig transportieren.

Ich rate also jedem, dem das möglich ist, von einer

schriftlichen Auseinandersetzung zum persönlichen Gespräch zu wechseln. Es lohnt sich fast immer zu sagen: Pass auf, wir beenden das hier, lass uns das mal bei einer Tasse Kaffee besprechen. Wer diese Möglichkeit nicht hat (oder nicht will), sollte sich wenigstens eines nehmen, wenn er schriftlich streiten will: Zeit.

Was nicht verhandelbar ist

Das Mehrheitsprinzip ist *das* Kennzeichen der Demokratie. Man tauscht Argumente aus, diskutiert, debattiert, streitet, und am Ende stimmt man ab. Die Mehrheit entscheidet. Klingt einfach, ist es im Wesentlichen auch. In demokratischen Ländern lernen dieses Verfahren im Kindergarten schon die Kleinsten.

Aber ganz so einfach ist es auch wieder nicht. Es gibt nämlich Dinge, die in einer Demokratie unverhandelbar sind. Schon seit Jahrhunderten machen Gelehrte sich Gedanken darüber, wie man ein Gemeinwesen so gestalten kann, dass zwar die Mehrheit bestimmt, gleichzeitig aber sichergestellt ist, dass Minderheiten nicht untergepflügt werden, dass es also nicht zu einer Diktatur der Mehrheit kommt, in der die Interessen von Minderheiten keine Beachtung mehr finden.

Berühmt für den Begriff »Tyrannei der Mehrheit« ist der französische Publizist und Historiker Alexis de Tocqueville, der von 1805 bis 1859 lebte. In seinem Buch »Über die Demokratie in Amerika«, das Generationen von Studierenden der Politikwissenschaften und der Soziologie gelesen haben, schreibt er: »Die moralische Herrschaft der Mehrheit gründet sich zum Teil auf die Vorstellung, dass bei einer Vereinigung vieler Menschen mehr Bildung und Weisheit zu finden sei als bei einem einzelnen, bei vielen Gesetzgebern mehr als bei einer kleinen Auswahl.« Das klingt ähnlich wie das, was wir heute über »Schwarmintelligenz« hören, die unter anderem im Internet zu finden sein soll.

Tocqueville fährt in seinen Ausführungen fort: »Die moralische Herrschaft der Mehrheit fußt ferner auf dem Grundsatz, die Interessen der größeren Zahl hätten denen der kleineren vorzugehen. Aber man begreift leicht, dass die Achtung, die man dem Recht der größeren Zahl bezeugt, natürlich je nach der Stellung der Parteien zu- oder abnimmt. Wenn eine Nation durch mehrere große und unvereinbare Interessen gespalten ist, wird das Vorrecht der Mehrheit oft nicht anerkannt, weil es zu hart ist, sich ihm zu unterwerfen.«

Mit anderen Worten: Wenn 51 Prozent über 49 Prozent herrschen und ihre Interessen durchdrücken, gibt's Probleme. Wohin das führen kann, sieht man sehr gut am Beispiel der Türkei, wo der türkische Präsident Recep Tayyip Erdoğan seit Jahren mit knapper Mehrheit ziemlich rücksichtslos herrscht. Er sei schließlich demokratisch legitimiert dazu, schleudert er Kritikern seiner autoritären Politik entgegen.

Weiter schreibt Tocqueville: »Ich halte den Grundsatz, dass im Bereich der Regierung die Mehrheit eines Volkes das Recht habe, schlechthin alles zu tun, für gottlos und abscheulich, und dennoch leite ich alle Gewalt im Staate aus dem Willen der Mehrheit ab. Widerspreche ich mir damit selbst?« Er erklärt seine Position so: »Was ist denn die Mehrheit im Ganzen genommen anderes als ein Individuum mit Ansichten und Interessen, die meistens denen eines anderen Individuums, genannt Minderheit, zuwiderlaufen? Wenn man nun aber einräumt, ein Mensch, dem man unumschränkte Machtvollkommenheit zugesteht, könne diese gegen seine Gegner missbrauchen, warum gibt man das dann nicht auch für eine Mehrheit zu? Haben die Menschen, indem sie sich zusammenschlossen, ihr Wesen geändert? Sind sie Hindernissen gegenüber geduldiger, seit sie stärker geworden sind? Ich persönlich glaube das nicht; und niemals werde ich die Befugnis, schlechthin alles zu tun, die ich einem Einzelnen unter meinesgleichen versage, einer Mehrheit zugestehen.« Tocqueville sagt also, wie man einem Einzelnen nicht ermöglichen sollte, allmächtig zu sein, ihm also nicht das Recht geben würde, schlichtweg alles zu tun, so würde er dieses Recht auch einer Mehrheit nicht einräumen. Auch dem Willen der Mehrheit müssen Grenzen gesetzt werden.

Große Güte, fragen Sie sich jetzt vielleicht, wieso kommt der hier mit Tocqueville? Das ist ganz einfach. Ich höre immer wieder: »Oh, ich weiß gar nicht, wie man mit Extremisten umgehen soll! Die wurden doch demokratisch gewählt!« Oder bei Kritik an der AfD: »Akzeptiere gefälligst, was das Volk denkt!« Oder: »Die Forderungen der AfD sind aber demokratisch legitimiert!« Oder, wenn ich populistische Führer wie Trump kritisiere: »Sehr viele Menschen denken aber wie er!« Oder in der Türkei: »Alles, was Erdoğan macht, ist sein gutes Recht – die Mehrheit steht hinter ihm!« Oder in Pakistan: »Wenn Sie finden, dass das, was Islamisten machen, falsch ist, sollten Sie mal auf die Stimmen in der Bevölkerung hören – die meisten finden das richtig!«

Mit Tocqueville möchte ich deutlich machen: Der Konflikt zwischen den Rechten der Mehrheit und dem Schutz von Minderheiten ist kein neues Phänomen. Der Blick zurück in die Geschichte zeigt uns, dass Demokratie nie zu einer Diktatur der Mehrheit verkommen darf. In einer Demokratie müssen immer auch die Stimmen von Minderheiten hörbar sein, muss es Kompromisse, Interessensausgleich, Respekt vor dem anderen geben. Die Freiheit des einen endet immer dort, wo die Freiheit des Nächsten beginnt.

Nur weil die Mehrheit einer bestimmten Meinung ist, heißt das noch lange nicht, dass alle dieser Meinung sein müssen. Und nur weil die Mehrheit – ich bezweifle, dass es die Mehrheit ist, sagen wir lieber: ein lautstarker Teil der Bevölkerung – menschenverachtendes Zeug fordert, heißt das nicht, dass wir das hinnehmen müssen. Erst recht nicht kritiklos.

Der erste Satz des Artikels 1 des Grundgesetzes zum Beispiel gilt ausnahmslos: »Die Würde des Menschen ist unantastbar.« Wer also Menschen »an den Galgen« oder »in die Gaskammer« wünscht, wie mir manchmal Leute schreiben, oder wer sich nach der Wiedereinführung von Folter oder Todesstrafe sehnt, bewegt sich jenseits der Grenze, die dieser allererste Satz des Grundgesetzes zieht.

Ebenso wenig können wir darüber abstimmen, ob Menschen einer bestimmten Hautfarbe, einer bestimmten Religion oder einer sexuellen Ausrichtung nur noch in bestimmten Vierteln leben dürfen oder ein Abzeichen an der Kleidung tragen müssen. Das ist menschenverachtend und daher inakzeptabel.

Dabei ist es irrelevant, ob »die Mehrheit« solche Regeln vielleicht gutheißen würde – es gibt Dinge, die sind nicht verhandelbar. Man kann und darf über sie nicht abstimmen. Das Grundgesetz geht beim Schutz dieser unverhandelbaren Grundsätze deutlich weiter als andere Verfassungen, auch frühere deutsche. Aus gutem Grund entschied die Bundesrepublik Deutschland sich 1949 für das Modell einer wehrhaften Demokratie, in der es eine freiheitlich-demokratische Grundordnung gibt, deren Kernelemente – Menschenrechte, Demokratieprinzip, Rechtsstaatlichkeit – nicht angetastet werden dürfen und verteidigt werden müssen.

Wenn Extremisten oder Populisten, Pöbler und Provokateure diesen demokratischen Konsens nun durch immer neue Attacken auflösen wollen, müssen wir uns dagegen wehren. Aus meiner Sicht ist die Sache ganz klar: Solange Menschen sich nicht von extremistischen Inhalten glaubhaft distanzieren, solange eine Partei sich nicht von Personen trennt, die antidemokratische Haltungen vertreten, so lange muss man diese Leute, diese Partei ausgrenzen. Dabei geht es nicht darum, dass ich eine andere Meinung habe als diese Menschen. Der Punkt ist vielmehr, dass sie sich mit ihren Haltungen selbst aus dem demokratischen Meinungsstreit ausgeschlossen haben.

Um eines ganz deutlich zu machen: Das Meinungsspektrum in einer Demokratie ist breit. Radikale Meinungen sind durchaus akzeptabel, in alle Richtungen, nicht jedoch extremistische. Radikal und extremistisch werden ja häu-

fig synonym gebraucht, aber man muss schon differenzieren. Wer Probleme radikal, »von der Wurzel her« – *radix*
ist das lateinische Wort für Wurzel –, lösen möchte, wer
Lösungen deshalb scharf formuliert und in seiner Denk-,
Rede- und Handlungsweise zu überspitzten Ansätzen
neigt, darf das grundsätzlich tun. Er bewegt sich innerhalb
der Grenzen unserer freiheitlich-demokratischen Grundordnung. Ein Extremist hingegen ist jemand, der dabei
den demokratischen Verfassungsstaat und die damit ver-
knüpften oben genannten Kernelemente dieser freiheitlich-demokratischen Grundordnung beseitigen möchte.
Er bewegt sich außerhalb dieser Grenzen.

Mit anderen Worten: Man darf selbstverständlich »die
Ausländer«, »den Islam«, »die Klimasünder«, »die Fleisch-
industrie«, »die Veganer«, »den Kapitalismus«, »die Flüchtlinge« doof finden, sie kritisieren, politische Veränderungen anstreben. Man ist damit noch kein Extremist – solange
man die Grundprinzipien der Verfassung anerkennt und
sie auch in seinen Worten und Handlungen lebt. Wer zum
Beispiel Menschen »an der Grenze abknallen« will, wie
mir häufiger Leute schreiben, erkennt diese Grundprinzipien nicht an und gehört zur Verantwortung gezogen.
Kurz gesagt: Radikale Auffassungen und Ansichten haben
in unserer pluralistischen Gesellschaftsordnung durchaus
ihren Platz, extremistische nicht.

»Aber müssen wir nicht auch mit Extremisten reden?«,
fragen mich Leser häufig. Doch, aber bitte nicht mit Verständnis für ihre Positionen, wie es manche Parteien in
Deutschland tun, in der Hoffnung, Wählerinnen und
Wähler am rechten Rand doch noch für sich zu gewin-

nen, oder wie manche Politiker in Pakistan es versuchen, die glauben, auf diese Weise Islamisten zu besänftigen. Wenn man schon mit Leuten redet, die extremistische oder rechtspopulistische Meinungen vertreten, muss man sich mit ihnen streiten, sich harte Auseinandersetzungen mit ihnen liefern, ihnen wieder und wieder Argumente entgegenschleudern, ihren Unsinn auseinandernehmen, sie entlarven. Und da, wo sie nur provozieren, Menschen verächtlich machen, Halb- und Unwahrheiten verbreiten, darf man ihnen keine Bühne bieten. Nicht in Talkshows, nicht in Interviews, nicht in Zeitungsartikeln.

»ABER SIE WURDEN GEWÄHLT UND SITZEN IN PAR-LAMENTEN!!!!!!! DA DARF MAN DIE NICHT IGNORIE-REN!!!!!!«, schrieb mir jemand. Ja, stimmt, etliche Vertreter der AfD wurden als Abgeordnete in Parlamente gewählt. Aber natürlich darf man sie trotzdem ausgrenzen. Sie sind Antidemokraten, die demokratische Institutionen nutzen, um an die Macht zu gelangen und von dort aus dann ihre antidemokratischen Ideen durchzusetzen. Um Leute mit undemokratischen Ideen von der Macht fernzuhalten, bin ich gerne ein Demokrat, der undemokratische Mittel nutzt. Als wehrhafte Demokratie fordert Deutschland das im Prinzip von jedem Bürger ein. Ganz am Ende steht das Parteienverbot, das aber nur letztes Mittel sein kann.

Damit, werde ich kritisiert, predige ich »moralische Überlegenheit«. (Äh, ja, wenn sich jemand menschenverachtend äußert und ich das benenne und kritisiere, ist das moralische Überlegenheit, was denn sonst?) Und es kommen Fragen wie: »Wer bestimmt denn, wer demokratisch ist und wer nicht?« (Natürlich wir alle, was aber nicht bedeutet, dass Dinge beschlossen werden können, die gegen die freiheitlich-demokratische Grundordnung verstoßen; diese Frage kommt leider oft, um Legitimität für die eigenen undemokratischen Ansichten zu erwirken.) Oder Vorwürfe wie: »Sie predigen Toleranz, sind selbst aber intolerant!«

Ja, das ist ein Paradoxon. Aber auch das ist keine neue Erkenntnis. Der britisch-österreichische Philosoph Karl Popper schrieb bereits 1945 in seinem Werk »Die offene Gesellschaft und ihre Feinde«: »Uneingeschränkte Toleranz führt mit Notwendigkeit zum Verschwinden der Toleranz. Denn wenn wir die uneingeschränkte Toleranz sogar auf die Intoleranten ausdehnen, wenn wir nicht bereit sind, eine tolerante Gesellschaftsordnung gegen die Angriffe der Intoleranz zu verteidigen, dann werden die Toleranten vernichtet werden und die Toleranz mit ihnen.«

Popper hatte damals schon ein Rezept für den Umgang mit diesen Leuten: »Damit wünsche ich nicht zu sagen, dass wir zum Beispiel intolerante Philosophien auf jeden Fall gewaltsam unterdrücken sollten; solange wir ihnen durch rationale Argumente beikommen können und solange wir sie durch die öffentliche Meinung in Schranken halten können, wäre ihre Unterdrückung sicher höchst unvernünftig. Aber wir sollten für uns das Recht in Anspruch nehmen, sie, wenn nötig, mit Gewalt zu unterdrücken; denn es kann sich leicht herausstellen, dass ihre Vertreter nicht bereit sind, mit uns auf der Ebene rationaler Diskussion zusammenzutreffen, und beginnen, das Argumentieren als solches zu verwerfen; sie können ihren Anhängern verbieten, auf rationale Argumente – die sie ein Täuschungsmanöver nennen – zu hören, und sie werden ihnen vielleicht den Rat geben, Argumente mit Fäusten und Pistolen zu beantworten. Wir sollten daher im Namen der Toleranz das Recht für uns in Anspruch nehmen, die Unduldsamen nicht zu dulden. Wir sollten geltend machen, dass sich jede Bewegung, die Intoleranz predigt, außerhalb des Gesetzes stellt, und wir sollten eine Aufforderung zur Intoleranz und Verfolgung als ebenso verbrecherisch behandeln wie eine Aufforderung zum Mord, zum Raub oder zur Wiedereinführung des Sklavenhandels.«

Soll heißen: Versuchen wir, mit den Intoleranten zu reden. Aber wenn sie nicht bereit sind, vernünftig zu diskutieren, wenn sie nicht auf rationale Argumente hören, wenn sie gar zu Gewalt greifen und die Grundpfeiler unseres demokratischen Gemeinwesens einreißen wollen – dann ist Schluss mit Reden!

Über vieles lässt sich streiten, nicht alles sollte zur Wahl gestellt werden

Ein Musterbeispiel dafür, wie gefährlich es ist, komplizierte Dinge »das Volk« oder auch »die Mehrheit« entscheiden zu lassen, ist der »Brexit«. An der Europäischen Union kann man vieles kritisieren, manches läuft nicht gut, etliches ist unverständlich, es gibt zu viel Bürokratie und hier und da Korruption und viel zu häufig, so der Eindruck, geht es um Posten und nicht um Inhalte. Aber die EU ist ein komplexes Thema, ein Austritt hat weitreichende Folgen, die selbst für Experten nicht alle überschaubar sind – und schon gar nicht für jemanden, der sich, außer dem kurzen Blick in die Boulevardzeitung, nicht mit dem Thema beschäftigt. Mit anderen Worten: Man kann solch eine schwierige politische Frage wie die Mitgliedschaft in der Europäischen Union nicht mit einem simplen »Ja« oder »Nein« beantworten.

Das gilt für viele politische Themen: Sie taugen nicht für eine Volksabstimmung, weil sie hochkomplex sind und sich nicht wahlzetteltauglich vereinfachen lassen. Es ist kein Zufall, dass vor allem Populisten mehr direkte Demokratie fordern. Auf diese Weise lassen sich bestimmte

Debatten, die ihnen nützen, instrumentalisieren und emotionalisieren. Und Menschen, die verständlicherweise ihr Auto, ihre Frisur, ihren Hund nur in die Hand von Experten geben, glauben plötzlich, in hochkomplexen politischen Fragen ihren »gesunden Menschenverstand« zum Maß der Dinge machen zu können.

Der Ruf nach »mehr direkter Demokratie«, nach Referenden und Volksabstimmungen sollte einen deswegen misstrauisch werden lassen, auch wenn er erst einmal gut klingt. Wer wird nicht gerne nach seiner Meinung gefragt? Und Parolen wie »Wir lassen uns von diesen Politikern nichts mehr sagen!« und »Wir sind das Volk!« finden in immer mehr Ländern immer größeren Anklang. Zugleich wissen Demagogen, dass sie den größten Erfolg haben, wenn sie für schwierige Probleme einfache, radikale Lösungen vorschlagen.

Das Ergebnis dieser Entwicklungen sehen wir beim Brexit: Nach einem Wahlkampf, in dem mit vereinfachenden und falschen Argumenten Stimmung gemacht wurde, haben die britischen Wähler mit einer knappen Mehrheit für den Austritt aus der EU gestimmt. Doch niemand wusste, wie man dieses Votum umsetzen sollte. Die Folge: Chaos allenthalben, ein politisches System, das sich selbst zerlegt, ein Niedergang der britischen Wirtschaft einschließlich Wertverlust des britischen Pfundes, ein riesengroßer Vertrauensverlust in Britannien – und das Land ist zum Gespött der Welt geworden.

(Und nur nebenbei: Dass britische Populisten für einen Austritt aus der EU unter anderem ausgerechnet damit warben, dass man auf diese Weise den Zuzug von Migranten ins Vereinigte Königreich stoppen wolle, muss dieser britische Humor sein – über Jahrhunderte ungefragt Länder in der ganzen Welt besetzen, überall die Herrschaft an sich reißen, sich die jeweiligen Einheimischen oft gewaltsam untertan machen und das Ganze »Empire« nennen, und dann, nur weil ein paar Migranten nach Britannien kommen, aus der EU flüchten.)

Für einen Demagogen ist es ein Leichtes, auf eine Weise Stimmung zu machen, dass sich eine Mehrheit für Folter, für die Todesstrafe oder für das Ausgrenzen von Menschen einer bestimmten Religion oder einer bestimmten Hautfarbe findet. In manchen Fragen, bei manchen Themen haben Vorurteile und diffuse Ängste bereits einen fruchtbaren Boden bereitet, den Politik und Medien dann durch hasserfüllte Reden weiter bearbeiten. Eine bestimmte Gruppe von Menschen muss dann als Sündenbock herhalten für tatsächliche oder vermeintliche Missstände.

Die Universität Salzburg befragte 2019 zum Beispiel 1200 Österreicherinnen und Österreicher über ihre Haltung zum Islam und zu Muslimen. Das Ergebnis war erschreckend: Rund 80 Prozent der Befragten sahen den Islam kritisch. 70 Prozent waren der Meinung, dass Muslime nicht in die westliche Welt passen würden, 79 Prozent befürworteten die Beobachtung von islamischen Zentren. Und fast die Hälfte der Befragten war der Meinung, dass Muslime nicht die gleichen Rechte wie andere Österreicher haben sollten. Die Studie kam zu dem Ergebnis, dass der in Politik und Medien überwiegend negative Diskurs über Islam und Muslime zu dieser Haltung beitragen würde. Der Ton der Diskussion über Muslime hatte die Meinung der Menschen beeinflusst.

Was, wenn es in einer solch feindseligen Stimmung Volksabstimmungen gäbe? Was, wenn »die Mehrheit« plötzlich Grundsätze wie »Die Würde des Menschen ist unantastbar« (Grundgesetz) oder »Alle Staatsbürger sind vor dem Gesetz gleich« (österreichische Bundesverfassung) aushebeln möchte? Was, wenn ein neuer Faschismus oder irgendeine extremistische Ideologie in der Maske der Demokratie daherkäme? Was, wenn – wieder mal – Vorurteile die politischen Entscheidungen bestimmen?

In einer Demokratie bestimmt die Mehrheit. Aber eine Demokratie braucht immer auch Mechanismen, die verhindern, dass Grundwerte verletzt werden, die also dafür sorgen, dass auch Minderheiten zu ihrem Recht kommen und ihren Platz haben. Demokratie lebt vom Kompromiss, nicht davon, dass die Mehrheit der Minderheit vorschreibt, was Sache ist. Und ja: Es gibt Dinge, über die stimmen wir nicht ab. Nie.

Streit braucht Argumente
Oder:
Warum Meinung ohne Fakten Mist ist

Muss man beim Streiten
immer sachlich bleiben?

Die frühere First Lady der USA, Michelle Obama, hat 2016 im Wahlkampf angesichts der geistigen Tiefflüge des damaligen republikanischen Präsidentschaftsbewerbers Donald Trump gesagt: »When they go low, we go high.« Das ist ein schöner Satz. Frei übersetzt bedeutet er: Wenn die anderen sich nicht benehmen können, antworten wir mit Anstand und Stil.

Das klingt gut, birgt aber ein Problem: Wenn die einen ständig tief fliegen und die anderen hoch, werden sich die beiden Gruppen nie begegnen, um mal in diesem Bild zu bleiben. Es wird keinen Austausch – auch keinen Schlagabtausch – geben und damit keine Veränderung, keine Entwicklung, keine Lösung.

Um verstanden zu werden und etwas zu bewirken, ist es wichtig, dieselbe Sprache zu sprechen. Das bedeutet oftmals, dass man sich in etwa auf derselben Flughöhe bewegt, sprich: sich in der Ausdrucksweise dem Streitpartner annähert oder zumindest darauf achtet, dass der einen auch versteht. Zielgruppengerechte Ansprache nennt man das.

Es gibt Situationen, in denen es angebracht ist zu sagen:

»Könnten Sie bitte einmal hierherkommen?« In einer anderen Situation passt vielleicht ein kurzes »Komm mal her!« besser. Oder man muss noch deutlicher werden: »Sieh zu, dass du dich hierherbewegst!« (Mir fällt gerade nur das Militär ein, wo das als angemessen empfunden werden könnte, aber immerhin.) Im Streit mit niveaulosen Leuten kann eine Niveauabsenkung durchaus angezeigt sein, ansonsten fliegt man über sie hinweg. Manchmal möchte man das und wählt eine absurde Niveauerhöhung: »Hätten Sie bitte freundlicherweise die Güte hierherzukommen?« Das aber, Achtung: Ironie!, versteht nicht jeder.

Die wichtige Frage an dieser Stelle ist: Welches Ziel, welchen Zweck hat ein Streit? In den meisten Fällen geht es darum, dass man sich in einer Sache, in der man unterschiedlicher Auffassung ist, einig werden möchte. Verfolgt man dieses Ziel, ist man bemüht, konstruktiv zu sein, also sachlich. Es ergibt keinen Sinn, unsachlich zu werden oder einander gar zu beschimpfen.

Es lohnt sich, zunächst einmal davon auszugehen, dass der Streitpartner dieses Ziel teilt und ihm ebenfalls daran gelegen ist, gemeinsam eine Lösung zu finden. Das lohnt sich auch bei Menschen, mit denen man schon einmal andere Erfahrungen gemacht hat und von denen man weiß, dass sie eigentlich immer nur auf Krawall aus und weder an einer ernsthaften Debatte noch an einer Lösung interessiert sind. Menschen ändern sich, und vielleicht ist dieser Streit einer, der ganz anders verläuft. Von den meisten Menschen kennt man eh nur einen kleinen Teil, und wer weiß, was diesen Menschen, mit dem wir uns gerade streiten, in diesem Moment bewegt? Was treibt ihn um, welche Gedanken hat er, was plagt ihn, welche Sorgen hat er, welche Erfahrungen hat er im Leben gemacht? Streitet man konstruktiv, kann man den anderen sogar verstehen lernen. Ein guter Streit führt oft zu einer »So habe ich das noch gar nicht gesehen!«-Erkenntnis.

Die Basis eines gelungenen Streits ist also das Argument. In einer zivilisierten Welt ist das Argument stärker als die populistische Pöbelei. Nur leider macht man immer wieder die Erfahrung, dass Menschen für Argumente unzugänglich sind und selbst auch keine Argumente in eine Debatte einbringen. Stattdessen ignorieren solche Leute Fakten oder wollen sie nicht gelten lassen und greifen zu unsachlichen Methoden. »Was richtig ist und was nicht, entscheiden Sie?«, rufen sie einem dann empört entgegen.

Solche Leute präsentieren Lügen als »alternative Fakten« und bezeichnen diejenigen, die tatsächliche Fakten berichten, als »Lügenpresse« und »Fake News«. Solche Leute bombardieren einen mit grotesken »Studien« oder mit »Artikeln« von irgendwelchen Propagandaseiten und halten das ernsthaft für »Belege« für ihre kruden Ansichten. Solche Leute lassen eine Diskussion absichtlich entgleisen, indem sie immer neue Dinge einbringen, neue Fronten eröffnen, neue Fässer aufmachen. Auf Kritik oder auf eine schwierige Frage antworten sie mit einer Gegenfrage, oder sie schneiden einfach ein völlig anderes Thema an. Oder sie kommen mit »Whataboutism«, jener (unsachlichen!) Streittechnik, sich unliebsamer Kritik und unbequemen Argumenten zu entziehen, indem man auf vermeintlich oder tatsächlich vergleichbare Missstände auf Seiten des Kritikers verweist.

Dabei ist es wichtig, sich vor Augen zu halten, dass all diese Methoden im höchsten Maße manipulativ sind und eine sachliche Auseinandersetzung unmöglich machen. Menschen, die zu diesen Mitteln greifen, geht es nicht um politische Argumente, sondern sie wollen Emotionen schüren. Es geht ihnen nicht um Dialog, sondern darum, Dialog zu zerstören.

Mir persönlich begegnet Whataboutism zum Beispiel, wenn ich die Existenz »national befreiter Zonen« in Teilen Deutschlands kritisiere, also Gebiete, von denen Rechtsextremisten stolz behaupten, dort gebe es keine Ausländer. Es handelt sich um Regionen, in die nichtweiße Menschen wie ich nicht ohne Sorge um Leib und Leben reisen können. In Diskussionen wird mir dann oft erwidert, es gebe doch auch Gebiete in Deutschland, in denen man als »autochthoner Deutscher« oder als »Bio-Deutscher« aus Angst vor »kriminellen Ausländern« nicht reisen könne, und in vielen Städten gebe es »arabische Clans«, die einem das Leben schwermachten.

Äh, ja. Über die Machenschaften der Clans wird viel berichtet, ich kenne niemanden, der das Problem leugnet. Ich schon gar nicht. Aber was hat das eine – von Rechtsextremisten dominierte Gebiete – mit dem anderen – von kriminellen Clans dominierte Stadtteile – zu tun? Das eine rechtfertigt doch das andere nicht! Sondern es sind zwei Probleme, die beide angegangen werden müssen. Wenn ich gerade über Rechtsextremismus rede, warum kommt ihr dann mit »arabischen Clans«? Darüber können wir gerne zu einem anderen Zeitpunkt reden, aber nicht jetzt! Solche Themenwechsel sind fast immer der Versuch, das von

mir Kritisierte zu relativieren, zu entschuldigen, davon ab-
zulenken. Ein Problem mit dem anderen aufzuwiegen.

Wer so streitet, muss darauf hingewiesen werden, dass
er unsachlich ist. Dabei ist es hilfreich, ganz konkret zu
werden, damit es keine Missverständnisse gibt. »Sie len-
ken vom Thema ab!« Oder: »Sie machen da ein neues Fass
auf, das hat mit dem, worüber wir jetzt streiten, nichts zu
tun!« Oder: »Sie nennen Missstände, über die wir gerne ein
anderes Mal diskutieren können, aber nicht jetzt!«

Wer nicht bei der Sache bleiben kann oder will und unsachlich weiterstreitet, verdient keine Sachlichkeit, denn
die bringt die Diskussion ganz offensichtlich nicht weiter.
Stichwort: »Perlen vor die Säue werfen«. Wer Leuten, die
nicht differenzieren, die pöbeln, die Whataboutism betreiben oder gänzlich und sinnfrei das Thema wechseln oder
mit irgendwelchen absurden Belegen für ihre Thesen kommen, wer also solchen Leuten mit Argumenten kommt,
verliert. Wer versucht, mit Menschen, die sich einer sachlichen Auseinandersetzung verweigern, nur argumentativ
zu streiten, kommt nicht weit und wird irgendwann frus-
triert aufgeben.

Wenn nichts anderes hilft, darf man im Streit selbstverständlich unsachlich werden. Man kann dieser Art von
Diskutanten mit Humor begegnen, sich auch über sie lustig machen, kann sie vorführen, durchaus auch zurück-
schimpfen, sie ächten oder mit ihren eigenen Methoden
schlagen. Allerdings muss man sich darüber im Klaren
sein, dass man nicht (mehr) mit Sachlichkeit rechnen darf,
wenn man selbst unsachlich wird.

Nun höre ich häufig Einwände wie: »Sie haben kein

Recht darauf, von mir Argumente für meine Meinung zu bekommen!!!!!« Oder: »Wir sind nicht mehr in der DDR, wo Diskussionen – wenn es denn überhaupt zu den Weisungen von Partei- und Staatsführungen noch weitere (Wider-)Worte geben musste – ausschließlich im realsozialistischen Sinne ›konstruktiv‹ zu sein hatten oder gar nicht.« Oder: »Sie können mir nicht verbieten, eine Religion oder eine Kultur zu hassen!!!!!!« Das sind Aussagen, die tatsächlich getätigt wurden, zwei von Lesern, eine von einem »Bild«-Reporter.

Dazu kann ich nur sagen: Niemand zwingt euch zu Sachlichkeit, Menschlichkeit und Argumenten. Keiner befiehlt euch, konstruktiv sein zu müssen. Und niemand verbietet euch zu hassen. Aber dann lebt mit den Folgen eurer Worte. Wundert euch nicht, wenn euch viele nicht mehr ernst nehmen, ignorieren oder ausgrenzen. Und hört auf zu jammern.

Den Einwand, man würde sich, indem man diese Leute der Lächerlichkeit preisgebe oder zurückschimpfe, »genau der Rhetorik der Extremisten bedienen«, wie mir ein Leser mitteilte, kann ich durchaus nachvollziehen. Es sei »brandgefährlich, sich auf dieses Niveau herabzulassen«, denn hier werde »nicht mehr argumentiert, sondern dumpf draufgehauen«, wie er weiter schrieb. Auf diese Weise hole man »Leute nicht mehr zurück«, man finde dann »keinen gemeinsamen Nenner mehr«.

Der Punkt ist nur: Manche Leute suchen krampfhaft nach der Opferrolle. Egal, wie man reagiert, ob man sie ignoriert, sie sachlich kritisiert oder ihnen unsachlich begegnet, sie stellen sich als Opfer dar. Nur wenn man ihnen zustimmt, kommt man aus dieser Nummer heraus. Genau das ist ihr Weltbild: Entweder ist man ihr Feind oder ihr Freund, es gibt nichts dazwischen.

Wir sollten uns endlich klar werden, dass wir in einer zivilisierten Gesellschaft mit bestimmten Leuten schlicht keinen »gemeinsamen Nenner« wollen. Ich will weder mit Neonazis noch mit Taliban darüber verhandeln, wo wir ihnen irgendwelche Zugeständnisse machen, damit sie ihre rückständigen Weltbilder oder menschenfeindlichen Vorstellungen umsetzen können.

Wenn jemand Menschen mit Wurzeln in anderen Ländern, die in Deutschland leben, als »Schmarotzer und Parasiten« bezeichnet, die »dem deutschen Volk das Fleisch von den Knochen fressen«, wenn jemand einen Menschen als »kleinen Halbneger« bezeichnet, als »Muselschwein« oder »Judenpack«, wenn jemand mit Blick auf die Nazizeit und deren Verbrechen eine »erinnerungspolitische Wende um 180 Grad« fordert, wenn Leute wieder den rechten Arm zum Gruß erheben und die Hakenkreuzflagge hissen, wenn Leute Andersgläubige als »Ungläubige« bezeichnen, gar als »Blasphemisten, die man auslöschen sollte«, wenn Leute ihre Religion für überlegen halten und jede andere bekämpfen möchten, will ich mit all diesen Leuten nicht an einem Tisch sitzen und reden. Denn für ein konstruktives Gespräch mit ihnen gibt es keine Basis. Erst wenn sie sich glaubwürdig von ihrer Geisteshaltung distanzieren und zu Menschlichkeit und Anstand finden würden, könnten wir versuchen, sachlich und konstruktiv zu streiten. Bis dahin möchte ich, dass solche Menschen bekämpft, ausgegrenzt und ausgeschlossen werden.

An dieser Stelle ein Wort zum Thema Entschuldigungen: Es kommt vor, dass Leute mich im Internet oder per E-Mail übelst beschimpfen. Ich weise sie dann auf ihr Verhalten hin, und tatsächlich: Manchmal folgt eine Entschuldigung. Meist sehr kurz und lapidar, oft nicht allzu glaubwürdig, aber ich versuche, wohlwollend zu sein, akzeptiere also solche Entschuldigungen meist.

Und was geschieht? Schon am nächsten Tag, manchmal sogar in der nächsten Stunde schreiben mir dieselben Personen wieder E-Mails, fordern einen Dialog und beschimpfen mich manchmal sogar erneut. Sie erwarten ernsthaft, dass ich ihnen sofort wieder zuhöre. Und da sage ich: Nein, Freunde!

Wer sich so sehr daneben benimmt, dass er um Entschuldigung bitten muss, der sollte Reue zeigen und vielleicht auch Scham. Aber auf jeden Fall sollte er sich eine Zeit lang einfach mal zurücknehmen und die Klappe halten. Der Preis fürs Danebenbenehmen ist auch, dass man für eine Weile das Recht auf Teilnahme am Diskurs verwirkt.

Es gibt keine Regel dafür, wie lange so eine Schamfrist dauert, zudem hängt sie von der Schwere der verbalen Entgleisungen ab, aber Tatsache ist: Man ist erst mal draußen. Erst dann wirkt für mich eine Entschuldigung glaubhaft. Niemand muss, weil er in einer Diskussion mal über die Stränge geschlagen hat, auf Dauer in Sack und Asche gehen. Aber gleich wieder das große Wort zu schwingen und so zu tun, als wäre nichts gewesen, kommt nicht in Frage! Und übrigens: Wer Morddrohungen ausstößt oder sich, wie mir einer mal schrieb, »einen wie Hitler« zurückwünscht, »damit der mal richtig aufräumt in

Deutschland!«, der braucht sich sehr, sehr lange nicht mehr zu Wort zu melden.

Michelle Obama hat ihren Satz »When they go low, we go high« übrigens später in einem Interview mit der »New York Times« präzisiert. Der Interviewer hält Obama entgegen, dass ihr Zitat häufig missverstanden worden sei, aber sie habe doch nie dazu aufgerufen, so zu tun, als gäbe es die ganzen Pöbeleien und Niveaulosigkeiten nicht. Obama antwortet: »*Going high* bedeutet ja nicht, dass du dich nicht verletzt fühlst oder dass dir keine Gefühle erlaubt sind. Es bedeutet, dass deine Antwort eine Lösung im Sinn haben sollte. Sie sollte nicht aus Wut oder Rachsucht erfolgen.« Wut würde sich in dem Moment vielleicht gut anfühlen, aber sie bringe die Sache nicht voran.

Abgesehen davon, dass es eben jene Auseinandersetzungen gibt, in denen es meines Erachtens nichts voranzubringen gibt, halte ich das für eine gute Leitlinie: Gefühle sind erlaubt, Unsachlichkeit auch, aber unversöhnlicher Abneigung und Hass sollte kein Raum gegeben werden. Darf man in einer Diskussion unsachlich reagieren? Ja. Soll man zurückhassen? Nein.

Unsachlichkeit darf in der Auseinandersetzung jedoch nie ein Ersatz für die Kenntnis von Argumenten sein. Wenn es drauf ankommt, muss man die besseren Argumente parat haben. Wer sie nicht hat, steht dumm da.

Sind Argumente also gar nicht so wichtig?

Es ist sinnlos, mit Menschen zu argumentieren, die für Argumente unzugänglich sind. Ein Paradebeispiel für solche Typen ist US-Präsident Donald Trump. Seine Mitbewerberin im Jahr 2016 um die Präsidentschaft, Hillary Clinton, versuchte immer wieder, ihn mit Argumenten, Fakten und Logik zu schlagen. In einer idealen Gesellschaft, in der es einen Wettstreit um die besseren Inhalte und um die besser geeignete Person für ein bestimmtes politisches Amt gibt, wäre dies eine kluge Vorgehensweise gewesen: Inhalte sachlich einbringen, diskutieren, bewerten. Argument, Gegenargument. Rede, Widerrede.

Kommunikation findet jedoch nicht nur auf der sprachlichen Ebene statt. Es spielen immer auch andere Faktoren eine Rolle: Wer tritt stärker auf, demonstriert größeren Machtwillen, beherrscht eine Körpersprache, die Dominanz ausstrahlt? Diese Punkte waren noch nie unwichtig, haben aber, scheint mir, leider an Bedeutung gewonnen. Trump weiß zwar nicht sehr viel, er argumentiert schlecht, Logik spielt in seiner Gedankenwelt eine untergeordnete Rolle (die einzige Logik, die bei ihm zählt, ist: Nützt mir etwas? Dann ist es richtig!), er hält sich nicht an Fakten, sondern lügt ganz schamlos und offen. Und doch kommt er damit durch, weil er ebendiese anderen Faktoren meisterhaft beherrscht.

In den Debatten vor der Präsidentschaftswahl ließ Trump Clinton mit ihren Argumenten wieder und wieder abprallen. Er sagte oft irgendetwas völlig aus der Luft Gegriffenes. Bei Kritik an seinen früheren Äußerungen behauptete er einfach: »Das habe ich nie gesagt!« Oder: »Das stimmt nicht.« Oder: »Falsch!« Clinton verdrehte dann die Augen, schüttelte den Kopf und sagte damit aus: »Seht ihr, dieser Mann lügt wie gedruckt!«

Natürlich gab es Videos und Tonmitschnitte von Trumps Äußerungen, Beweise seiner Lügen also. Doch trotzdem fand bei vielen Menschen nicht Clinton mit ihrer Intellektualität Anklang, obwohl sie sachlich richtig-lag, sondern Trump – sie feierten ihn für seine Fähigkeit, einer Person aus der etablierten Machtelite so dreist die Stirn zu bieten. (Dass Trump als Milliardenerbe selbst zu dieser Elite gehört, darüber sahen und sehen sie geflissentlich hinweg, aber das nur am Rande.)

Argumente brachten und bringen in der Auseinandersetzung mit Trump rein gar nichts. Er hört nicht zu, geht null auf sie ein, antwortet eh, was er will. Halten Kritiker ihm etwa seine frauenverachtenden Sprüche vor, verteidigt er sich überhaupt nicht, sondern behauptet einfach: »Niemand respektiert Frauen mehr als ich.« Solche unbewiesenen oder schlicht falschen Aussagen wiederholt er dann mehrmals.

Die Wiederholung ist ein Mittel, das Populisten im Streit generell gerne nutzen. Sie reden beispielsweise wieder und wieder von der »Invasion der Fremden« oder von der »Umvolkung« – und irgendwann beginnen die Menschen, ihren Behauptungen zu glauben. Autokraten, Diktatoren, Faschisten – ihnen allen gelingt, ihre Lügen durch permanente Wiederholung in vermeintliche Wahrheiten zu verwandeln.

In der Auseinandersetzung mit Menschen, die wieder und wieder unbewiesene oder falsche Dinge behaupten, hilft es am ehesten, zum selben Mittel zu greifen. Am besten widerspricht man solchen Leuten ebenso regelmäßig – aber eben nicht mit Lügen, sondern mit kurz, knapp und prägnant formulierten Tatsachen. Man muss ihnen klar vorhalten, dass sie lügen, oder ihnen deutlich machen, dass sie falsch liegen.

Das ist mühsam und erscheint oftmals sinnlos, da man die Leute, mit denen man streitet, nur selten mit Argumenten überzeugen wird. Aber oft gibt es bei einem Streit Zuhörer oder Mitleser, für die es augenöffnend sein kann, wenn man populistischen Parolen und Lügen gute Argumente und Fakten entgegensetzt.

Es ist unstrittig, dass die zivilisatorischen Standards sich in den zurückliegenden Jahren gesenkt haben – dass es also schwieriger geworden ist, mit Argumenten und Fakten durchzudringen, und dass Lügen und eine menschenverachtende Wortwahl zunehmend als normal hingenommen werden und immer häufiger ohne Widerspruch bleiben. Aber das ist kein Naturgesetz, nichts, das uns einfach so widerfährt, dem wir hilflos ausgesetzt sind und dem wir tatenlos zusehen müssen. Sondern es ist an uns, die Standards zu setzen, zu verteidigen beziehungsweise wieder zu erhöhen. Wir müssen uns an die Regeln des Miteinanders halten und das auch von anderen, die sie immer wieder missachten, einfordern.

Argumente in einen Streit einzubringen ist meiner Erfahrung nach meistens sinnvoll — aber stets mit Rücksicht auf das Niveau des Streitpartners. Also keine langen Abhandlungen, keine ewigen Studien und allzu komplizierten Monologe, die einem, der schimpft und wütet, die ganze Welt erklären sollen. Sondern kurz, knapp, präzise und voran ruhig der Satz: »Das stimmt nicht, und das wissen Sie auch!«

Wenn die Reaktion erwartungsgemäß abwehrend oder wütend ausfällt, wenn ausgewichen und das Thema geändert wird oder eine sinnfreie Gegenfrage kommt, sollte man am besten einfach die kurze Argumentation wiederholen. Und noch einmal. Und noch einmal.

Wiederholung ist wichtig. Ruhig wortgleich, nur keine Scham! So prägt sich das, was man sagt, besser ein. Trump verschwendet auch keine Gedanken an neue Formulierungen. Stattdessen kurze, einfache Sätze: *Keep it short and simple*. Ich weiß, das mag für jemanden, der in einem Streit auch eine intellektuelle Herausforderung sieht, ein wenig peinlich sein, aber so funktioniert es am besten.

Stellt man fest, dass der Streitpartner doch willens ist, zuzuhören und auf Argumente einzugehen, dass er ernsthaft um Erkenntnis und Austausch bemüht ist und sogar sinnvoll nachfragt, kann man die Argumentation ausbauen. Dann kann man länger formulieren, weiter ausholen, stärker differenzieren. Das kann auch dann sinnvoll sein, wenn der Streitpartner zwar weiterhin nur pöbelt, man aber die Aufmerksamkeit einer größeren Zuhörerschaft hat, die womöglich klug mitdiskutiert. Dann ist in diesem Streit der Adressat nicht – oder nicht nur – der eigentliche Streitpartner, sondern dann sind es auch die Mitdiskutanten beziehungsweise Mithörer.

Um mit guten Argumenten streiten zu können, setzt voraus, dass man von der Materie, über die man diskutiert, etwas versteht. Man muss kein Experte in einer Sache sein, um mitreden zu können, sollte aber doch das Wesentliche verstanden haben. Wie man sich solches Wissen aneignet? Lesen Sie Zeitungen, Zeitschriften, Nachrichtenseiten im Netz! Lesen Sie Bücher! Schauen Sie die Nachrichten im Fernsehen! Hören Sie Radiosendungen! Mit anderen Worten: Bilden Sie sich! Denn dadurch wissen Sie nicht nur, worum es bei aktuellen Debatten inhaltlich geht, sondern lernen meist auch schon unterschiedliche Standpunkte kennen.

Wenn Sie wissen, dass Sie in Auseinandersetzungen mit bestimmten Themen konfrontiert sein werden, lohnt es sich, etwas Zeit in eine gute Vorbereitung zu investieren. Setzen Sie sich mal ein paar Stunden hin und arbeiten Sie für dieses Thema eine gute, in sich schlüssige, scharfe Argumentation heraus – Sie werden sie immer wieder verwenden können.

Ein Beispiel für jemanden, der mir seine Kritik wohlformuliert und nicht nur in einem Satz zukommen lässt, ist Christian K. Er schreibt mir am 29. September 2019:

✉ **Sehr geehrter Herr Kazim,**

seit nunmehr einigen Jahren lese ich Ihre Artikel. Nun möchte ich Ihnen ein generelles Feedback zu Ihrem politischen Grundton in vielen Ihrer Artikel geben:
Ich habe in nicht einem einzigen Artikel gesunden Patriotismus entdeckt. Der Grundton ist grundsätzlich links und im Zweifel kritisch gegen Deutschland als Nation.

Als Kosmopolit und Globalist ohne Verbundenheit zur Heimat Deutschland könnten Sie auch morgen einem anderen Land dienen. Nicht Fisch, nicht Fleisch.

Ich möchte einmal kurz auf Ihre Videoanalyse über den Wahlerfolg der ÖVP in Österreich eingehen:
»Kurz ist inhaltsleer, es geht ihm nur darum, an der Macht zu sein – egal mit wem«, lautet Ihr Eingangsstatement. Ich kann mich nicht erinnern, dass Sie jemals dasselbe über Angela Merkel gesagt hätten, denn genau diese Feststellung trifft in noch höherem Maße auf sie zu.

Nein, warum auch? Denn A. Merkel fährt ja genau den

linken Kurs, dem Sie sich verbunden fühlen. Nach allen Seiten kritischer Journalismus sieht anders aus. Das können Sie nicht und das wollen Sie auch nicht.

Vermutlich gehören Sie zu der Mehrheit der deutschen Journalisten, die grün wählen und damit einer Verbotspartei und der Deindustrialisierung Deutschlands den Weg bahnen.

Dabei ist es doch dieses Deutschland, das Ihnen Ihre Karriere in der Marine und im Journalismus ermöglicht hat.

Als ebenfalls ehemaliger Angehöriger der Bundesmarine frage ich mich, was Sie dazu bewogen hat, Marineoffizier zu werden, und vor allem, was die Marine seinerzeit motiviert hat, Sie einzustellen.

Mit freundlichen Grüßen

Christian K.

Das ist aus meiner Sicht eine ziemlich verquere Kritik, die viele Dinge in einen Topf wirft, aber immerhin kommt sie ohne Beleidigungen und Beschimpfungen aus und der Verfasser drückt sich verständlich aus. In diesem Fall habe ich mir also gleich bei der ersten Antwort Zeit genommen und mir die Mühe gemacht, ihm am Tag darauf, am 30. September 2019, ausführlich zu antworten, und zwar Folgendes:

✉ Lieber Herr K.,

haben Sie vielen Dank für Ihre Zuschrift. Es freut mich, dass Sie offensichtlich seit Jahren meine Arbeit verfolgen. Was Ihre Aussage angeht, Sie hätten »in nicht einem einzigen Artikel gesunden Patriotismus entdeckt«, freut mich sehr! Dann ist mir das ja wirklich gelungen. Denn Patriotismus ist nun wahrlich keine Richtgröße im Journalismus, schon gar nicht für guten Journalismus. Sie stimmen sicher mit mir überein, dass es nicht Aufgabe von Journalistinnen und Journalisten ist, Jubeltexte zu schreiben, oder?

Lustig, dass Sie »Patriotismus« in Artikeln erwarten – da sind Sie ganz auf Linie mit dem pakistanischen Militärgeheimdienst. Der hat mich auch mal eingeladen und meine kritische Berichterstattung über Pakistan kritisiert. »You should be patriotic, too!«, sagte man mir eindringlich. Und meinte, ich sollte netter über Pakistan schreiben, »positive Geschichten«, wie die Geheimdienstler formulierten.

Sie schreiben nun über meine Texte: »Der Grundton ist grundsätzlich links und im Zweifel kritisch gegen Deutschland als Nation.« Also nein. Das stimmt so nicht ganz. Kritisch über Deutschland – eher selten, so oft schreibe ich nicht über Deutschland. Aber klar, natürlich kritisch, was denn sonst? Ich bin ja Journalist, kein PR-Mensch. Und »links«? Nein. Ich bin, erstens, nicht »links«, auch nicht »rechts«, in manchen Bereichen bin ich eher konservativ, in vielen liberal, aber abgesehen davon halte ich von »links« und »rechts« wenig.

Aber, zweitens, ist man, wenn man zum Beispiel für die Rettung von ertrinkenden Menschen ist, und zwar unabhängig davon, wohin man sie anschließend bringt, keineswegs »links«, sondern einfach nur kein Arschloch. Und wenn man dagegen ist, mit Galgen durch die Stadt zu marschieren und Politikern, die anderer Meinung sind, die Hinrichtung zu wünschen, ist man ebenso keineswegs »links«, sondern ebenfalls kein – Sie wissen schon.

Sie werfen mir vor, als »Kosmopolit und Globalist ohne Verbundenheit zur Heimat Deutschland« könnte ich morgen auch einem anderen Land dienen. Das ist wieder nur halb richtig. Wie kommen Sie darauf, ich hätte keine »Verbundenheit zur Heimat Deutschland«? Ich sehe Deutschland sehr wohl als meine Heimat an, auch wenn dieser Begriff Heimat ja leider von irgendwelchen Idioten besetzt wird. Ich lasse ihn mir aber von denen nicht nehmen. Natürlich fühle ich mich Deutschland verbunden, alleine schon durch diese tolle Sprache, die mir in erster Linie Heimat ist.

Aber Sie haben recht, natürlich könnte ich, sollte ich morgen in einem anderen Land leben und es zu meiner Heimat machen, auch diesem Land »dienen«. Ich wüsste nicht, was dagegenspricht, Schweden, Norwegen, Frankreich, Portugal, Spanien, Finnland, Dänemark, Belgien, den Niederlanden, Ungarn, okay, Ungarn nicht, aber Griechenland, Japan et cetera zu dienen. Denken Sie, man kann sich nur einem Land verbunden fühlen, nur eine Heimat haben?

Sie benutzen ja das Wort »Patriotismus« – also, nach meinem Verständnis hat sich dieser Begriff sehr verändert. Patriotismus heißt für mich, sich für das Land einzusetzen, in dem man lebt. Sich zu engagieren, dafür zu sein, dass es den Menschen dort – und damit auch einem selbst – gut geht, dass es Bildung gibt, gute Straßen, dass es keine Stromausfälle gibt und die Müllabfuhr kommt, dass es gute Krankenhäuser und Ärzte gibt et cetera. Wenn man Patriotismus so definiert, dann war ich »Patriot« in Pakistan, als ich in Pakistan lebte, »Patriot« in der Türkei, als ich in der Türkei lebte, und bin »Patriot« in Österreich, seitdem ich in Österreich lebe.

Wenn für Sie in dem Wort Patriotismus immer noch buchstäblich das »Vaterland« steckt, also jenes Land, aus dem der Vater stammt, und man bei jedem Unsinn »Hurra!« schreit, nur weil er aus diesem Land kommt, dann sind Sie meiner Ansicht nach irgendwo vor hundert Jahren stecken geblieben. Früher, als man schon kaum aus dem eigenen Dorf wegzog, weitestenfalls in die nächste Stadt, mag das noch Sinn ergeben haben. Heute, wo man von einem Kontinent zum anderen zieht, von einem Ende der Welt ans andere, ergibt das keinen Sinn mehr.

Dann schreiben Sie, die Inhaltsleere, die ich Sebastian Kurz vorhalte, könnte doch auch auf Angela Merkel zutreffen. Da liegen Sie falsch. Nicht, dass ich keine Kritik an Merkel hätte. Aber ich kann mich nicht erinnern, dass sie je Rechtsextremisten mit nachweisbaren Verbindungen zu Neonazis und »Identitären« an die Macht gebracht hätte. Ich kann mir auch nicht vorstellen, dass sie das tun würde. Kurz hat genau das getan – und künftig geht er möglicherweise mit den Grünen zusammen. Das ist in Ordnung, ich fände das spannend, aber es wirkt schon ziemlich beliebig, inhaltsleer und richtungslos. Hauptsache, Macht! Das kann man Merkel hier und da vielleicht auch vorwerfen, aber gewiss nicht in einer Schwankungsbreite von rechtsextrem bis grün.

Was Ihre Vermutung angeht, wen ich wähle: Also, ich bin klassischer Wechselwähler. Habe in meinem Leben schon CDU, FDP, Grüne und SPD gewählt, hier sortiert nach dem Alphabet, nicht nach Vorliebe. Ich stimme mit Ihnen überein, dass die Grünen bei Journalisten sicherlich eine höhere Beliebtheit haben als im Durchschnitt der Bevölkerung. Wie ich aber beobachte, scheint sich das auch in der Bevölkerung zu ändern, siehe Wahlergebnis in Österreich.

Wie kommen Sie darauf, ich wäre für »Deindustrialisierung«? Klar ist, dass Industrie – und zwar die industrielle Produktion wie auch die Produkte – Veränderungen unterliegt. So wie alles im Leben, wie Wirtschaft, Kultur, Politik, die Gesellschaft im Allgemeinen und jedes Individuum im Besonderen. Manchmal läuft das nicht glatt, manchmal gibt es Widerstände, aber aufhalten lässt sich Wandel nicht, nur gestalten. So ist Leben: geprägt von Veränderungen. Nicht immer, aber doch oft zum Guten.

Was meinen Sie mit Ihrem Satz, Deutschland habe mir meine »Karriere in der Marine und im Journalismus ermöglicht«? Wen meinen Sie da mit »Deutschland«? Sich selbst? »Die Gesellschaft«? Nö. Wem genau gegenüber erwarten Sie Dankbarkeit? Gegenüber dem »alten, weißen Mann«? Haha. Also ernsthaft: Ich bin dankbar, in einem sicheren, friedlichen, insgesamt gut funktionierenden Staat aufgewachsen zu sein. Das war nicht mein Verdienst, sondern mein Glück. So wie es auch Ihr Glück ist, nicht Ihr Verdienst. Ich bin so dankbar wie jeder andere in Deutschland Lebende oder Aufgewachsene auch. Nicht mehr, nicht weniger. (So mancher Zeitgenosse, der auf merkwürdigen »Spaziergängen« mitläuft, scheint mir übrigens ziemlich undankbar zu sein, aber das nur am Rande.) Ich weiß aber auch, was ich selbst getan habe, um da zu sein, wo ich bin.

Sie fragen, was mich bewogen hat, Marineoffizier zu werden. Habe ich neulich in einem Artikel im SPIEGEL geschrieben. Was die Marine bewogen hat, mich einzustellen? Das müssen Sie die Marine fragen. Mir ist das völlig klar: Die sind froh um jeden, der nicht so ist wie Sie!

Viele Grüße

Hasnain Kazim

Ich weiß nicht, ob diese lange Antwort ihm etwas genützt hat. Er hat mir nicht mehr zurückgeschrieben. Aber ich hoffe, dass es ihn zum Nachdenken bewogen hat.

Was sage ich, wenn ...

Ein paar Beispiele aus Diskussionen, die sich vor allem um die Themen Flucht, Integration und Angst vor Überfremdung drehen. Folgende Argumente oder Vorwürfe bekomme ich (auch mal in Form von Beschimpfungen, Beleidigungen und Drohungen) regelmäßig zu hören und habe mir daher die passenden Argumentationen überlegt. Das sind die etwas längeren Ausführungen:

»Wir können nicht alle aufnehmen!«

Oder: »Die ganze Welt will nach Deutschland!« Hier genügt eine sehr kurze Antwort: Das stimmt nicht! Das zeigt schon ein kurzer Blick in aktuelle Einwanderungsstatistiken: Wie viele Menschen kommen jährlich nach Deutschland? (Es sind weniger als oft vermutet, im Jahr 2018 kamen knapp 400 000 Menschen mehr, als Deutschland verließen.) Wie viele von ihnen bleiben? Wie viele gehen nach einiger Zeit wieder? Und inwieweit wächst oder schrumpft die Gesamtbevölkerung?

Das Recht macht einen Unterschied zwischen Flucht und Migration. In der Realität haben sich die Grenzen verwischt: Viele Menschen sind in der Tat vor Krieg und

Gewalt geflohen. Andere, die ohnehin migrieren wollten, haben die Gelegenheit genutzt, sich ebenfalls auf den Weg zu machen. Ich habe zum Beispiel Menschen aus Pakistan und Indien getroffen, die, wie sie selbst einräumten, keineswegs von Krieg, Gewalt oder Verfolgung betroffen waren, aber keine Perspektive für sich in ihrer Heimat sahen und sich deshalb auf den Weg machten. Hier ist nachvollziehbar, dass Kritiker auf das geltende Recht pochen – das ist ein durchaus stichhaltiges Argument. Wenn Menschen, die ihre Heimat aus Perspektivlosigkeit verlassen haben, in Deutschland Asyl beanspruchen, ist der Vorwurf, sie würden dies zu Unrecht tun, faktisch berechtigt. Ihr Verhalten erschwert es denen, die tatsächlich ein Recht auf Asyl haben.

Wollte man also um eine echte Lösung ringen, müsste man nach Lösungen suchen, wie nicht nur die Flucht, sondern auch die Einwanderung, die auch in Zukunft anhalten wird, gesetzlich geregelt werden kann. Ein seit Jahrzehnten nötiges Einwanderungsgesetz wäre eine Möglichkeit. Zu sagen, man könne nicht »alle« aufnehmen, ist dagegen ein Totschlagargument. Weder flüchten »alle« nach Deutschland, noch wollen »alle« nach Deutschland migrieren.

»Es kommen nur Wirtschaftsflüchtlinge nach Deutschland!«

Andere Formulierungen lauten: »Es gibt kein Recht auf Wirtschaftsmigration!« Oder: »Das ist doch nur Einwanderung in unser Sozialsystem!!!!« Oder: »Die wollen nichts anderes als unser Geld!« Was bitte schön sollen »Wirtschaftsflüchtlinge« sein? Waren all die Deutschen, die nach dem Zweiten Weltkrieg in die USA auswanderten, weil sie nichts mehr in Deutschland hatten, weil sie hier keine Perspektive mehr sahen, weil sie auf ein neues, besseres Leben in Amerika setzten und dort auf der Suche nach dem Glück mit nichts außer der Kleidung am Leib und vielleicht einem Köfferchen ankamen, waren diese Leute »Wirtschaftsflüchtlinge«? Wenn ja, na und? Diese Menschen hatten gute Gründe, sich eine neue Heimat zu suchen.

So geht es auch den Menschen, die jetzt nach Europa und nach Deutschland kommen. Sie flüchten vor Krieg, vor Gewalt, vor politischer Verfolgung, weil sie einer religiösen und/oder ethnischen Minderheit angehören, weil sie homosexuell sind – oder weil sie in bitterer Armut leben. Es gibt unterschiedliche Gründe für Flucht. Jeder Mensch hat ein Recht auf Leben. Wenn Flucht dem Überleben dient, beanspruchen die Flüchtenden dieses Recht.

Ich habe die Erfahrung gemacht, dass beim Thema »Wirtschaftsflüchtlinge« eine Diskussion über die moralische Schiene oft zu nichts führt. Dass ein Land wie Deutschland seinen Wohlstand auch der Tatsache zu verdanken hat, dass es von den Billiglöhnen, der sozialen Unsicherheit und den Autokratien in anderen Teilen der Welt profitiert, wird entweder nicht anerkannt oder beiseitegewischt. »Deshalb können wir trotzdem nicht alle aufnehmen!«, lautet dann die trotzige Antwort. Oft wird auf geltendes Recht verwiesen und darauf, dass die Einwanderung nach Deutschland dagegen verstoße. Ich wiederhole diese Argumentation dennoch, wieder und wieder. Und zwar möglichst nicht in einem anklagenden Ton, nicht mit einem mitschwingenden »Ausbeuter!«-Vorwurf, sondern als Tatsache.

Es ist Fakt, dass wir uns sehr viele Dinge nur leisten können, weil sie billigst unter menschenunwürdigen Bedingungen anderswo hergestellt werden. Es ist Fakt, dass wir Geld daran verdienen, dass anderswo mit bei uns produzierten Waffen Krieg geführt wird. Es ist Fakt, dass wir unseren Müll und unseren Schrott, insbesondere unsere Elektroabfälle, in den ärmsten Ländern abladen, wo wir die Menschen damit vergiften. Es ist Fakt, dass wir mit unserem Wohlstand und der damit verbundenen Lebensweise für einen vergleichsweise hohen Anteil der Umweltverschmutzung und des Klimawandels verantwortlich sind, deren Folgen aber die Menschen in armen Ländern deutlich stärker treffen als uns.

Geht der Streitpartner auf solche Argumente ein, hört zu, kann die Debatte eine gute Richtung nehmen: Wie können wir – Politik, Wirtschaft, aber auch wir als Individuen – dazu beitragen, die Welt so zu gestalten, dass nicht mehr so viele Menschen ihre Heimat verlassen wollen? Wie können wir also Fluchtursachen bekämpfen? Und natürlich müssen wir in Deutschland endlich überlegen, wie wir eine geregelte Zuwanderung gestalten können. Dass es immer noch kein Einwanderungsgesetz gibt, sagt viel aus über den fehlenden Gestaltungswillen in dieser Frage.

»In Deutschland findet ein Bevölkerungsaustausch statt!«

Gelegentlich ist auch von »Umvolkung« die Rede. Oder: »Wenn ich in einer deutschen Stadt unterwegs bin, sehe ich kaum noch Deutsche!« Oder: »Du bist ja nur ein Passdeutscher!« All das soll heißen: »Ein Deutscher ist weiß!«

Das ist zutiefst rassistisches Denken, das leider den Weg in immer mehr Köpfe findet. »Es gibt doch gar keine menschlichen Rassen, also kann es doch gar keinen Rassismus geben!«, antworten mir manche spitzfindigen Rassisten. Es ist müßig, darüber zu diskutieren. Von mir aus kann man es auch »Verachtung und Diskriminierung von Menschen wegen ihrer nichtweißen Hautfarbe« nennen, nur ist diese Formulierung etwas lang und umständlich. Deshalb sage ich lieber: Rassismus. Denn, ja, es gibt keine menschlichen »Rassen«, aber Leute, die von »Bevölkerungsaustausch« und »Umvolkung« reden, davon, dass »echte Deutsche« weiß zu sein haben, versuchen ja gerade, Menschen in Rassen zu unterteilen.

Zu glauben, in Deutschland oder Europa habe es zu einem früheren Zeitpunkt mal ein homogenes Mehrheitsvolk gegeben, ist ein Irrtum. Unter »Bevölkerung« versteht man die Menschen, die in einem Land, einem politischen Territorium leben. Durch Geburten und Todesfälle, durch Zuwanderung und Abwanderung wird die Bevölkerung ständig »ausgetauscht«.

Die Tatsache, dass eine bestimmte Hautfarbe häufiger zu sehen ist, kann ja wohl nicht ernsthaft ein Streitpunkt sein, oder? So, als wäre der weiße Mensch anderen überlegen. Als gäbe es so etwas wie eine »Herrenrasse«. Als hätten weiße

Menschen das Recht, in Europa auf ewig in der Mehrheit zu sein, als wären bestimmte Hautfarben in bestimmten Erdteilen von Natur aus vorgesehen und in anderen nicht – ein Gedanke, der bei der Eroberung oder, euphemistischer, »Kolonialisierung« anderer Erdteile keine Rolle spielte.

Wann werden die Menschen begreifen, dass wir alle Menschen sind? Wann werden wir in Deutschland begreifen, dass, egal ob Christ, Muslim, Jude, Atheist oder Andersgläubiger, ob weiß, braun, schwarz, ob Wessi oder Ossi, dass wir alle, die wir in diesem Land leben, Teil dieses Landes sind, und zwar ein gleichberechtigter Teil, dass wir alle seine Geschichte prägen, dass wir es alle mitbestimmen und mitgestalten?

In islamischen Ländern erlebe ich übrigens oft eine ähnliche Ausgrenzung, nur dass es weniger um das Aussehen von Menschen geht, sondern um ihren Glauben. Die Frage: »Bist du Muslim?« höre ich dort regelmäßig. Sage ich, dass meine Familie muslimisch ist, hört man förmlich das Aufatmen, das sagen soll: »Gott sei Dank! Du gehörst zu uns! Du bist ein besserer Mensch!« Als ob ein Nichtmuslim ein schlechterer Mensch wäre! Dieses ganze Gequatsche von »Ungläubigen«, in dem etwas Abwertendes mitschwingt!

Aus Höflichkeit bin ich einer Antwort oft ausgewichen, obwohl ich am liebsten gesagt hätte: »Was geht dich an, ob ich Muslim bin oder nicht? Was sagt das über mich aus? Nichts!« Aber immer häufiger fange ich eine Diskussion an über genau diese Frage: Was, bitte schön, soll das Bekenntnis zu einer bestimmten Religion (oder zum Glauben überhaupt) über eine Person aussagen?

Neonazis muss man eintrichtern: Deutschland muss nicht weiß bleiben, und Weiße sind keine besseren Menschen. Islamischen Extremisten muss man einhämmern: Islamisch geprägte Länder müssen nicht islamisch bleiben, und Muslime sind keine besseren Menschen.

»Deutschland muss Deutschland bleiben!«

Das ist ein Satz, den manche so oder ähnlich verwenden, wenn sie vor den Folgen von Zuwanderung warnen. Die CSU zum Beispiel hat ihn exakt so in ein Thesenpapier geschrieben. »Oh, Deutschland wird sich verändern!«, sollen die Leute denken. »Oh, nichts wird bleiben, wie es war!« Das ist insgesamt ziemlich erbärmlich, weil so ein Satz unnötig Ängste schürt, indem er suggeriert, dass es da draußen lauter böse Menschen gibt, die unser Land so verändern wollen, dass wir es nicht mehr wiedererkennen.

Tatsache ist: Selbstverständlich verändert sich Deutschland. Selbstverständlich ändert sich die Welt. Und selbstverständlich ist Veränderung nicht immer erfreulich. Wandel kann Gewissheiten ins Wanken bringen, er befeuert mitunter die Sorge, dass es einem selbst künftig schlechter gehen wird, dass man zu den Verlierern zählen wird, dass man weniger hat. Aber Leben bedeutet nun einmal Veränderung. Man kann sie nicht stoppen, nur gestalten. Also lasst uns doch gestalten, anstatt zu jammern!

Übrigens: Selbst mit Menschen wie mir bleibt Deutschland Deutschland, stellt euch vor!

»Medien sollen neutral berichten!!!«

Das ist ein Thema, über das ich ein dickes Buch schreiben könnte. Aber ich fasse mich kurz: Eine Nachricht ist eine Nachricht. Da gehört keine Meinung rein. Für Meinungen gibt es in Zeitungen die Kommentarspalten und -seiten.

Allerdings ist diese strikte Trennung zwischen Nachricht und Kommentar, wie sie beispielsweise im US-amerikanischen Journalismus ausgeprägt ist, bei uns nicht so stark verbreitet. Zwar haben die meisten Tageszeitungen getrennte Nachrichtenseiten und Meinungs- oder Kommentarseiten, aber oft veröffentlichen sie auch Artikel, in denen sich beides mischt: einordnende, manchmal meinungsfreudige Passagen in längeren Erklärstücken etwa, oft auf der dritten Seite. Zudem haben Medien ihren eigenen Sound und neigen hier oder da einem bestimmten politischen Lager zu, sind also eher progressiv oder eher konservativ.

Viele Menschen konsumieren gerne Medien, mit deren grober Linie sie übereinstimmen, weil sie sich dann in vielem, was sie denken, bestätigt fühlen. Ich kann das nachvollziehen, halte das aber für einen Fehler. Ich lese gerne Medien, deren Haltung eher nicht meiner eigenen entspricht und mit deren publizierten Meinungen ich oft nicht übereinstimme, weil ich mich mit diesen Ansichten auseinandersetzen, mich an ihnen reiben und oft etwas lernen kann – und wenn es die Bestätigung ist: Ich habe recht!

Solange nicht andere Menschen beleidigt oder bedroht werden oder gegen sie gehetzt wird, sind solche widerstreitenden Meinungen im Rahmen einer Demokratie selbstverständlich erlaubt und sogar wünschenswert. Leider gibt es aber immer wieder Menschen, die jede Meinung, die der eigenen widerspricht, als inakzeptabel ansehen. Das sind diejenigen, die dann schreien: »Die Medien sollen gefälligst neutral berichten!!!!« Was sie in Wahrheit meinen: »Die Medien sollen so berichten, dass es meiner Meinung entspricht und mir in den Kram passt!«

Kritik kann nicht hart genug sein, wenn solchen Leuten die aktuelle Regierung nicht passt. Wenn sie die Regierenden aber verehren, ist jede Kritik sofort »Stimmungsmache«. Ein Artikel etwa, der hart mit US-Präsident Trump ins Gericht geht, wird dann etwa sofort als »Meinungsmache« diffamiert. Ein Artikel, der sich hingegen ebenso kritisch mit der Klimaaktivistin Greta Thunberg auseinandersetzt oder, schlimmer noch, sie persönlich angreift, wird bejubelt und gefeiert – da ist die Forderung, Medien sollten »gefälligst neutral berichten«, plötzlich vergessen.

Es gibt viele Menschen, die erwarten, dass Medien lediglich Sprachrohr sein sollen, dass sie unkommentiert weitergeben sollen, was Politiker sagen oder über sich hören wollen. Das ist aber nicht ihre Aufgabe. Klar, Journalisten müssen Dinge wiedergeben, berichten, weitertragen. Aber das kann inzwischen jeder Mensch selbst tun, vor allem, seit es das Internet und die sozialen Medien gibt. Für Journalisten geht es heute mehr denn je um die wichtige Aufgabe, den Mächtigen auf die Finger zu schauen, Missstände aufzudecken, Öffentlichkeit zu schaffen und damit Politiker, Wirtschaftsbosse et cetera zu zwingen, Verantwortung für ihr Tun und Reden zu übernehmen.

Wenn also Politiker X sagt: »Es regnet«, dann ist es nicht die Aufgabe des Journalisten, einfach nur zu berichten,

Politiker X habe gesagt, es regne. Sondern es ist auch seine Aufgabe zu prüfen, ob es stimmt, in diesem Fall also: nachzuschauen, ob es tatsächlich regnet. Wenn nicht, muss er die Aussage von Politiker X erst recht einordnen. In diesem Fall muss er herausfinden, ob es eine bewusste Lüge war oder Ahnungslosigkeit und was Politiker X mit der Aussage bewirken wollte.

In der Forderung nach Neutralität schwingt oft die Frage mit, ob man als Journalist in der Auseinandersetzung immer bei den trockenen Fakten bleiben muss oder ob man seine eigene Haltung zum Ausdruck bringen darf. Selbst unter Journalisten ist diese Frage umstritten.

Ein Beispiel: Der »Zeit«-Journalist Jochen Bittner sagte auf der Jahreskonferenz des »Netzwerks Recherche« im Juni 2019 in Hamburg: »Ich bin dagegen, zu schnell in die Moralisierung einzusteigen, wo man Populisten schlicht entlarven könnte. Beispiel: Wenn Beatrix von Storch davon redet, man müsse jetzt notfalls an der Grenze auf Flüchtlinge schießen, da kann man sagen: Das verstößt gegen unsere Verfassung. Klappe zu. Man könnte aber auch schlicht fragen: ›Wie genau stellen Sie sich das eigentlich vor? Also, ist die Bundespolizei dafür ausreichend ausgerüstet? Bräuchte die da nicht Maschinengewehre, Flammenwerfer? Wo begraben wir die ganzen Leute? Viele von denen sind ja Muslime, die müssten ja sofort begraben werden auf deutschen Friedhöfen. Wollen Sie das? Oder bringen wir die zurück in die Heimat? Wer bezahlt das?‹ Und womöglich dämmert es dem Befragten selbst, dass er eine absurde Position hat.« Bittner sagte, es gehe ihm darum, deutlich zu machen, wie absurd die Meinung sei, es wäre legitim, auf Flüchtlinge zu schießen. Er halte es für falsch, »Populisten zu dämonisieren, wo man sie demontieren« könne.

Für seine Aussage erntete er heftigen Widerspruch, auf der Bühne und in den sozialen Medien. Auch wenn Bittner keineswegs dem Erschießen von Flüchtlingen das Wort reden wollte, blieb unklar, wie ernst er die Argumente meinte, die er für die Auseinandersetzung mit Beatrix von Storch oder anderen AfD-Politikern empfahl. Jedenfalls glaubte er offensichtlich, man solle der menschenverachtenden Forderung der AfD-Politikerin am besten mit größtmöglicher Sachlichkeit begegnen.

Sollte er seinen Ratschlag ironisch gemeint haben, kam dies in der Situation beim Publikum nicht an, auch weil Bittner in seiner ganzen Art wirkte wie ein Versicherungsvertreter: seriös und ohne jeglichen Witz. Hinzu kam, dass er erklärend nachschob, es sei »doch nicht meine Aufgabe in der Berichterstattung, jemandem, der diese Position formuliert, meine Position entgegenzuhalten, sondern ich muss hinterfragen«. Es sei viel wirkungsvoller, »schlechte Ideen als schlechte Ideen zu entlarven, statt sie moralisch abzuqualifizieren«.

Da bin ich entschieden anderer Meinung: Bei solch einer menschenverachtenden Forderung, wie sie Beatrix von Storch geäußert hat, muss man ihr widersprechen! Und selbstverständlich muss man moralisch fragwürdige Forderungen als moralisch fragwürdig bezeichnen. Was denn sonst? Auf Flüchtlinge zu schießen, ist keine »schlechte Idee«, sondern eine komplett inakzeptable und indiskutable Forderung.

Greift man solche Aussagen wertfrei auf und argumentiert rein sachlich, um bloß nicht zu moralisieren, entsteht der Eindruck, die Forderung wäre verhandelbar. Ist sie aber in einer zivilisierten Gesellschaft nicht. Reagiert man, wie von Bittner vorgeschlagen, setzt sich die Überzeugung durch, solch ein menschenverachtendes Zeug wäre akzeptabel oder könnte zumindest zur Diskussion stehen.

Die Fernsehjournalistin Anja Reschke antwortete Bittner: »Ich finde die Frage ›Hat jeder Mensch die gleiche Würde?‹ nicht verhandelbar. Ich finde, wir können nicht jedes Mal wieder bei null anfangen zu diskutieren.« Und: »Ich wüsste jetzt zum Beispiel nicht, was ich davon habe, mit Frau von Storch darüber zu diskutieren, wo wir jetzt die vielen Toten beerdigen, die sie erschossen hat an der Grenze.« Bei der Aussage der AfD-Frau handele es sich um eine Provokation, die man zurückweisen müsse.

Auch der österreichische ORF-Journalist Armin Wolf teilte diese Ansicht und sagte mit Verweis auf die deutsche Geschichte: »Jetzt stellen Sie sich mal vor, Frau Storch hätte gesagt, man müsse alle Muslime in Deutschland töten. Und dann diskutieren Sie mit ihr darüber: Wie machen Sie das denn technisch? Und dann erklärt sie Ihnen, dass sie große Fabriken irgendwo im Osten bauen wird, wo man die Leute vergast und verbrennt, und dass sich das technisch schon lösen lässt, das Problem. Über das will ich nicht diskutieren!«

Wenn Leute also sagen: »Medien sollen neutral berichten«, muss man antworten: Im Prinzip ja, aber sie müssen Dinge ebenso kritisch hinterfragen; »neutrale Berichterstattung«, die es faktisch ohnehin nicht gibt, weil schon jede Wortwahl, jede Nachrichtenauswahl, jede Verknappung und jede Zusammenfassung subjektiv ist, darf nicht bedeuten, dass man Lügen unkommentiert und unkorrigiert weiterträgt. Eine Lüge muss man eine Lüge nennen. Menschenverachtung darf nicht unwidersprochen bleiben. Wer aber sagt: »Medien sollen neutral berichten«, und damit meint: Hört auf, Trump/die AfD/Erdoğan/Le Pen/Orbán/Pegida/et cetera zu kritisieren, für den gibt es nur eine Antwort: Das könnte euch so passen!

»Du bist ein linksgrünversiffter Journalist!«

Manche formulieren es auch etwas freundlicher: »Sie reden/schreiben ausschließlich aus der Perspektive eines Linken!« Auf solche Vorwürfe antworte ich stets, dass ich ebenso wenig »links« wie »rechts« bin. Vielleicht bin ich »Mitte«, aber alles in allem halte ich von diesen ganzen Schubladisierungen nichts.

Menschen haben unterschiedliche Meinungen und Ansichten, aber die Verortungen in »links« und »rechts« bringen wenig. Dass diese Begriffe immer weniger bedeuten, kann man inzwischen auch in wissenschaftlichen Studien nachlesen. Ich brauche jedoch keine Wissenschaft, um zu merken: Diese verallgemeinernden Kategorien treffen nur noch selten zu.

Ich selbst bin zum Beispiel in vielen Dingen sehr liberal. In anderen halte ich mich für eher konservativ. Ich bin, alles in allem, sehr für Marktwirtschaft, und zwar für eine soziale. Dann wieder gibt es Gebiete – für mich zählen dazu: Bildung, Gesundheit, Wohnen, Infrastruktur,

Sicherheit –, in denen der Markt meiner Meinung nach nicht dominieren darf. Hier und da kann eine Prise Sozialismus durchaus hilfreich sein. Von Thema zu Thema, von Politikfeld zu Politikfeld würde ich meine Haltung also sehr unterschiedlich verorten. Deswegen würde es mir auch nie in den Sinn kommen, mich generell als »links« oder »rechts«, »konservativ« oder »liberal« zu etikettieren.

Und übrigens: Nicht alles, was links von Rechtsextremismus ist, ist »links«.

Streit darf auch Spaß machen
Oder: Wie ich Erika B.
ein Abonnement andrehte

Wie steht's mit Ironie?

Ich mag Ironie, wirklich! Wer mich oder meine Texte kennt, weiß das.

Aber mit Ironie ist das so eine Sache. Manchmal kann es ganz schön schiefgehen, wenn man ironisch argumentiert, und zwar aus zweierlei Gründen: weil der Diskussionspartner die Ironie nicht versteht oder weil er sie nicht verstehen will.

Die ZDF-Journalistin Nicole Diekmann twitterte zum Neujahrstag 2019 zwei Worte: »Nazis raus.« Dieser Tweet wurde tagelang debattiert, vor allem aber hatte er eine böse Folge für Diekmann: Sie wurde mit Morddrohungen, Vergewaltigungsaufrufen und Beschimpfungen überhäuft. Auf die Frage, wen sie denn als »Nazis« bezeichne, versuchte sie, mit Ironie zu reagieren. »Jeder, der/die nicht die Grünen wählt«, schrieb sie und griff damit auf das in rechten Kreisen verbreitete Klischee zurück, Journalistinnen und Journalisten wählten allesamt grün und hielten jeden, der das nicht täte, für einen Nazi.

Obwohl es offensichtlich war, dass es sich bei dem Tweet von Diekmann um Ironie handelte, schrieb die »Neue Zürcher Zeitung«, in der rechtspopulistische Sichtweisen zuletzt immer breiteren Raum erhalten haben, allen Ernstes:

»Eine Redaktorin des ZDF-Hauptstadtstudios erklärt via Twitter kurzerhand alle zu Nazis, die ›nicht Grün wählen‹.« Dass Diekmann im Nachhinein noch einmal erklärt hatte, wie sie ihren Tweet gemeint hatte, ignorierte die Zeitung einfach. Diekmann twitterte daraufhin: »Liebe @NZZ. Ich bin massivst bedroht worden nach meinem Tweet. Wenn Sie mir nicht glauben, dass er ironisch gemeint war – geschenkt. Aber finden Sie nicht, dass a) journalistische Sorgfaltspflicht und b) generell Sorgfaltspflicht gebieten, zu erwähnen, dass ich auf Ironie hinwies?«

Einen Tag später sah die »NZZ« sich veranlasst, eine »Anmerkung« zu veröffentlichen, die sie nicht »Korrektur« nannte: »Die im Text angesprochene ZDF-Redaktorin wehrt sich auf Twitter, dass der besagte Tweet vom Januar 2019 ironisch gemeint gewesen sei. Dies hatte sie einige Tage später auf Twitter, sich für mögliche Missverständnisse entschuldigend, klargestellt. Der Twitter-Dialog, auf den sich der Autor des Gastkommentars bezieht, lautete wie folgt: ZDF-Redaktorin: ›Nazis raus!‹ – Reaktion eines Teilnehmers: ›Wer ist denn für Sie ein Nazi?‹ – Antwort Redaktorin: ›Jede/r, der/die nicht die Grünen wählt.‹«

Der Autor der »NZZ« verstand die Ironie nicht – oder wollte sie nicht verstehen, trotz nachgeschobener Erklärung der Verfasserin. Mit anderen Worten: Er war entweder dumm oder bösartig. Eine dritte Option gibt es nicht.

Natürlich kann man den Spieß auch umdrehen – und den Streitpartner absichtlich nicht verstehen wollen. Das macht mitunter großen Spaß.

✉ So schreibt mir Erika B. am 22. Januar 2019 um
10.59 Uhr:

Sehr geehrter Herr Kazim,
als Österreicherin, die in Indien lebt, finde ich es schon
sehr einmalig, wie Sie über mein Heimatland berichten. Immer sehr reißerisch, unqualifiziert, einseitig und
nur in eine Richtung. Ich muss dazu sagen, dass ich Ihre
Artikel schon lange nicht mehr lese! Mir reichen immer
schon die ›Bild‹-zeitungsmäßigen Schlagzeilen. Wenn
Sie es in Österreich so schrecklich finden, warum ver-
legen Sie nicht einfach Ihren Wohnsitz und Ihre Wir-
kungsstätte in ein anderes Land, ich glaube nicht, dass
Sie jemand aufhalten wird!
Mit den besten Grüßen
Erika B.

✉ Ich antworte ihr am 23. Januar 2019 um 7.14 Uhr:

Liebe Frau B.,

haben Sie vielen Dank für Ihre Zuschrift! Es freut mich sehr, dass Sie meine kritische Berichterstattung aus Österreich zu schätzen wissen – es gibt ja auch einiges Kritikwürdiges zu berichten, wie Sie sicher selbst wissen. Gerne setze ich Sie daher auf die Verteilerliste meiner Österreich-Artikel, damit Sie künftig nichts verpassen.

Mit freundlichen Grüßen aus Wien

Hasnain Kazim

✉ Ihre Antwort am selben Tag um 16.14 Uhr:

Sehr geehrter Herr Kazim,

Sie haben die Mail wahrscheinlich nicht richtig gelesen, ich und viele, die ich kenne, lesen Ihre Artikel nicht. Bitte verschonen Sie mich mit Ihren reißerischen, einseitigen, unqualifizierten und unrelevanten Artikeln! Es interessiert niemanden! Hat sich Ihr viel gefeierter und heute entlassener Kollege nicht nach demselben Muster wie Sie verhalten?

Mit den besten Grüßen aus Indien

Erika B.

(Mit dem »viel gefeierten Kollegen« meinte sie Claas Relotius, der jahrelang beim SPIEGEL arbeitete und es schaffte, der Redaktion in weiten Teilen erfundene Geschichten als Reportagen unterzujubeln, bevor der Kollege Juan Moreno ihn Ende 2018 als Hochstapler enttarnte.)

✉ Beim Googeln ihres Namens fand ich heraus, dass sie in Mumbai lebte, also schreibe ich ihr um 16.51 Uhr:

Liebe Frau B.,

haben Sie vielen Dank für Ihre Interesse an Qualitäts-journalismus! Es freut mich, dass Sie ›reißerische, einseitige, unqualifizierte und unrelevante Artikel‹ ablehnen und daher gerne den SPIEGEL abonnieren wollen wie viele Ihrer Freunde! Gerne erkundige ich mich, was ein Abonnement nach Indien – nach Mumbai, richtig? – kostet, und teile es Ihnen später mit. Und gerne nehme ich Sie, wie schon in der vorherigen E-Mail angekündigt, in meinen Verteiler auf, damit Sie keinen meiner Artikel mehr verpassen!

Herzliche Grüße aus Wien

Hasnain Kazim

✉ Sie schreibt mir um 17.31 Uhr:

You are really desperate!!! And a dreamer! Dream but leave me alone now! Thanks and please refrain from answering, obviously it was a big mistake to write to you!

Best, EB

✉ Ich antworte ihr um 17.33 Uhr:

Liebe Frau B.,

danke für Ihr Interesse! Schön, dass Sie sich für die englischsprachige Ausgabe des SPIEGEL interessieren. Die finden Sie online unter dem Namen SPIEGEL International. Gerne schicke ich Ihnen auch meine Artikel aus Österreich, die Sie mit Interesse verfolgen, was mich wiederum freut.

Mit freundlichen Grüßen aus Wien

Hasnain Kazim

Sie hat mir nicht mehr geschrieben.

Jemandem auf diese Weise die Auseinandersetzung zu verweigern und absichtlich misszuverstehen, wirkt natürlich erst einmal unfreundlich. Natürlich sollte bei einem Streit immer das Ziel sein, sich anzunähern, also den Streitpartner vom eigenen Standpunkt zu überzeugen oder sich selbst vom Standpunkt des Streitpartners überzeugen zu lassen oder einen gemeinsamen neuen Standpunkt zu finden, der ein Kompromiss oder eine gänzlich neue Ansicht sein kann.

Manchmal bleibt aber nur die Erkenntnis, dass man eben nicht übereinkommt. Wenn der Streitpartner offensichtlich nicht an einer Lösung interessiert und für konstruktive Kritik nicht empfänglich ist, wenn er nur pöbeln und schimpfen will, dann ist es das Beste, ihn einfach zum Schweigen zu bringen.

»Obviously it was a big mistake to write to you!« – ich liebe diesen Satz.

Waffe Humor?

Humor kann helfen, einen Streit nicht eskalieren zu lassen. Das ist prinzipiell gut und wünschenswert. Aber es gibt Themen, die lassen keinen Humor zu. Manche Dinge kann, ja muss man sehr ernsthaft diskutieren, und Humor wäre in einem solchen Streit fehl am Platz.

Vor allem aber: Streit ist keine Waffe. Eine Waffe hat eine Wirkung, sie trifft, verletzt, tötet. Verletzen und töten wollen wir in einem Streit nicht, aber jemanden treffen, zum Nachdenken bewegen schon – tut Humor das? Manchmal. In den meisten Fällen nicht. Humor ist vor allem ein Mittel, um Streit für sich selbst erträglich zu gestalten.

Mir schreiben oft Leute, sie würden meinen Humor toll finden und mich dafür bewundern, wie humorvoll ich mich mit Populisten und Pöblern auseinandersetzen würde. Für mich ist Humor jedoch vor allem ein Weg, den ganzen Bullshit halbwegs erträglich zu machen. Der deutsche Lyriker und Erzähler Joachim Ringelnatz schrieb einmal: »Humor ist der Knopf, der verhindert, dass uns der Kragen platzt.«

Klar darf man sich auch über denjenigen oder diejenige, mit dem/der man streitet, lustig machen, ihn oder sie auf den Arm nehmen, vorführen, in die Irre führen. Humor kann ein Frontalangriff sein oder auch ein Überraschungsmoment. Manchmal ärgert es den Streitpartner sogar. Dann ist Humor doch ein bisschen Waffe.

Grundsätzlich sollte Humor aber dazu dienen, dem Streit so viel Schärfe zu nehmen, dass er für einen selbst aushaltbar ist. Adolph Freiherr von Knigge schreibt in seinem berühmten Buch »Über den Umgang mit Menschen«, die Fröhlichkeit müsse »aus dem Herzen kommen, muss nicht erzwungen, muss nicht eitle Spaßmacherei, nicht Haschen nach Witz sein. Wer noch aus ganzem Herzen lachen kann, sich den Aufwallungen einer lebhaften Freude überlassen kann, der ist kein ganz böser Mensch«. Und selbstverständlich kann man auch lachend sehr ernst sein. Inhaltliche Seriosität kann durchaus lustig verpackt sein. Auch wenn man humorvoll über eine Sache streitet, kann man sie ernst nehmen.

Aber mit Humor ist es genauso wie mit Ironie: Manche verstehen ihn nicht oder wollen ihn nicht verstehen oder verstehen ihn absichtlich falsch. Ich habe damit meine Erfahrungen machen müssen.

Als der AfD-Politiker Alexander Gauland im Juni 2016 wieder einmal die Bundesregierung wegen ihrer Flüchtlingspolitik angriff, sagte er den Satz: »Heute sind wir tolerant und morgen fremd im eigenen Land.« Laut bayerischem Verfassungsschutz wurde diese Parole von der NPD benutzt und gehört zu »typischen Redemustern der rechtsextremen Szene«. Ebenso taucht dieser Satz als Teil des Refrains im Lied »Tolerant und geisteskrank« der Neonazi-Band »Gigi & Die Braunen Stadtmusikanten« auf, der

Song gehört zum 2010 erschienenen Album »Adolf Hitler lebt!«. Damals schrieb ich auf Twitter: »AfD-Vize Gauland sagt: ›Heute sind wir tolerant, morgen fremd im eigenen Land.‹ Meine Antwort: Gewöhn dich dran, Alter!«

Natürlich sprangen Rechtspopulisten und Rechtsextremisten sofort darauf an und beschimpften mich. Einer von ihnen schrieb mir, ich solle doch aus Deutschland verschwinden, Leute wie ich hätten in Deutschland nichts verloren. Ich antwortete ihm: »Gewöhn dich dran: Wir sind hier, werden immer mehr und beanspruchen Deutschland für uns. Ob du willst oder nicht.«

Natürlich meine ich das sehr ernst: Immer mehr Menschen mit Wurzeln in fremden Ländern, mit unterschiedlicher Hautfarbe (welche Rolle spielt die überhaupt, bitte schön?), Menschen, die unterschiedlich glauben, denken, lieben, leben, sind Deutsche. Sie beanspruchen, Teil der Gesellschaft zu sein, und zwar völlig zu Recht. Sie wollen mitbestimmen, mitgestalten, mitreden, mitmachen, mit allen Rechten und Pflichten. Dass sie das dürfen, ist selbstverständlich und kein Gnadenakt.

Ich wusste aber natürlich, dass meine Aussage missverstanden werden konnte: dass man glauben könnte, ich redete einer Art Eroberung das Wort. Tatsächlich wollten Rechtspopulisten, Rechtsextremisten und »besorgte Bürger« das so verstehen. Immer wieder taucht seither dieses Zitat von mir auf, und ich werde als »Islamist« bezeichnet, der »autochthone Deutsche« beziehungsweise »Bio-Deutsche« mal »zurückdrängen«, mal »vertreiben«, mal sogar »vernichten« wolle. Ich stünde für den »deutschen Volkstod«, wie mir einer schrieb.

Ich kann wieder und wieder erklären, wie ich meine Sätze gemeint habe, doch diese Leute haben überhaupt kein Interesse daran, sich inhaltlich damit auseinanderzusetzen. Sie wollen mich vor allem vorschnell verurteilen und in eine Ecke stellen.

Und da hilft nun Humor.

Ich verbreite seit einiger Zeit, dass ich ein Kalifat gründen will. Jawohl, ich will Kalif werden! Hauptstadt meines Kalifats wird Dresden werden, Hauptmoschee wird die Semperoper. Und natürlich verfüge ich über einen Harem und einen Hofstaat.

Ich finde, wenn kein Argument mehr hilft, wenn Worte den anderen nicht mehr erreichen, wenn jeglicher Austausch nichts mehr nützt, muss man eben Vorurteile bedienen. Es hilft zu überspitzen, zu übertreiben, ja maßlos zu überdrehen. Das macht großen Spaß, vor allem, weil Leute, die meinen Humor teilen, im Internet darauf einsteigen, sich um einen Posten als Wesir bewerben oder in den Harem aufgenommen werden wollen.

Aber es gibt natürlich auch etliche, die diesen Humor nicht mögen. Ein paar Leute fragen mich, wie lange ich denn noch mit »diesem Kalifatsquatsch« nerven wolle. So allmählich sei doch der Witz vorbei, »längst totgeritten«, außerdem sei das »eines Intellektuellen wie Ihnen unwürdig«, wie mir geschrieben wurde.

Nun, ich mache trotzdem weiter, und ich sage gerne, warum.

1. Ja, es mag »infantil« sein, wie mir manchmal vorgeworfen wird. Ich finde meine Behauptung, ein Kalifat gründen zu wollen, auch schon lange nicht mehr

komisch. Aber ich finde auch, ein bisschen Infantilität kann nicht verkehrt sein. Außerdem glaube ich, dass Infantilität genetisch veranlagt ist. Ein Cousin von mir, ein erfolgreicher Ingenieur in den USA, hat mir per Post einmal eine elektronische Furzmaschine geschickt, inklusive Fernbedienung, ein Meisterwerk der Technik. Auf dem Zollformular gab er »fart machine« an. Es liegt also in der Familie. Ich kann nichts dafür.

2. In den »sozialen Medien« finden einige die Kalifatsnummer lustig, aber dass ich an ihr festhalte, liegt nicht unbedingt daran. Im Gegenteil: Man glaubt gar nicht, wie viele E-Mails ich bekomme, in denen ich wegen meiner Kalifatsgründungspläne beschimpft werde. Mit anderen Worten: Es regt viele Leute auf, und zwar – und das ist, was mich so erfreut und anspornt – rechtsextreme Deppen gleichermaßen wie islamistische Trottel.

3. Die Rechtspopulisten, Rechtsextremisten und Neonazis sehen durch mich allen Ernstes ihr Abendland in Gefahr. Durch meine Existenz, aber auch durch meine Witze. Sie sehen in mir den »Islamisten«, der die »Islamisierung Deutschlands« vorantreibe. In Wahrheit sei ich gar kein Journalist, sondern ein von irgendwelchen Islamisten bezahlter Missionar, schrieb mir einer. Allen Ernstes diskutieren manche dieser Leute sogar, dass mein Bart Ausdruck meiner »fanatischen Geisteshaltung« und meiner »Radikalisierung« sei. Das alles ist ähnlich bescheuert wie die »Pegida«-Trottel, die sich »Patrioten« nennen und gegen eine »Islamisierung des Abendlandes« protestieren, obwohl in ihrem Sachsen

weit und breit kein Muslim lebt. Naja, fast keiner. Ich finde, indem ich ihnen mit meiner angeblichen Kalifatsgründung einen Demonstrationsgrund biete, stehen diese »Patrioten« wenigstens nicht als Idioten da, die gegen etwas protestieren, das es gar nicht gibt. In Wahrheit sollten sie mir dankbar dafür sein – ich lasse sie ihr Gesicht wahren. Nichts zu danken, gern geschehen.

4. Die Islamisten wiederum heulen herum, ich würde mich über ihre Religion lustig machen. »Bruder, so etwas macht man nicht!«, schrieb einer. Ich stelle fest, dass eine Menge Leute, die dieser Religion angehören, bei meinen Kalifatswitzen wie Rumpelstilzchen im Dreieck springen. Es ist derselbe Typ Mensch, der bei Mohammed-Karikaturen laut aufjault oder wütend demonstriert, der Autoreifen, Häuser oder Menschenpuppen anzündet und sich mitunter selbst in die Luft sprengt. Ich habe als Journalist oft über solche Vorfälle berichtet.

Klar darf man Karikaturen und Witze geschmacklos finden, selbstverständlich darf man Kritik üben und gegen etwas demonstrieren, das einen wütend macht. Aber so? Geht's noch? Und warum bleiben solche heftigen Proteste aus, wenn Menschen ermordet werden, nur weil sie keine Muslime sind beziehungsweise nicht zur sunnitischen Mehrheit gehören, wie es zum Beispiel in Pakistan immer wieder vorkommt? Dann gibt es meist keinen Ton der Kritik, keine Demonstration, keine erzürnten Menschenmassen. Noch einmal: Geht's noch? Ich bin kein Islamexperte, deshalb weiß ich auch nicht, ob »der Islam« eine Reform oder eine Reformation oder was auch immer nötig hat oder nicht. Was ich aber weiß, ist, dass eine Menge Leute ihre Wertmaßstäbe neu justieren sollten. Mit ihren jetzigen stimmt nämlich etwas gehörig nicht.

5. Wen meine Witze nerven, soll sie halt nicht mehr lesen. Man kann mich »entfreunden«, wie man das auf Social-Media-Deutsch nennt. Solange mein Kalifat rechte wie islamistische Trottel gleichermaßen nervt, wird es weiter existieren. Und ich sehe: Es hat eine große Zukunft!

6. Im Kalifat wird es so eine Art Rechtsextremist-gegen-Islamist-Gladiatorenkämpfe geben. Wenn die sich gegenseitig niederknüppeln, trifft es immer den Richtigen.

7. Lang lebe das Kalifat!

Allgemeine Erkenntnis: Humor ist nicht immer angebracht im Streit. Aber er hilft, den Streit erträglich zu machen! Beispiele gefällig?

✉ Am 13. November 2019 schreibt mir jemand, der »AfD«
in seinem Chatnamen führt.

»Du bist die personifizierte Islamisierung Deutschlands!!! Alles was du willst, ist Deutschland zu islamischen Land zu machen und die Mörderideologie einzu-
führen!!!!!!!«

✉ Ich antworte ihm am selben Tag:

»Ich werde zum diesjährigen Jahresendzeitfest vom 24.
bis zum 26. Dezember ausschließlich mit ›Asalamaleikum‹ grüßen und erwarte das auch von allen Menschen,
die mich grüßen!!!!!!!!!!!!!!! Waleikum Salam und schönen Abend noch!!!!!!!!!!!!!!

✉ Eine anonyme Leserin, die sich »Daggi« nennt, fragt mich am 2. September 2019, nachdem sie mir »Ossibashing«, »Voreingenommenheit« und »Hass auf Ostdeutsche« vorgeworfen hat:

»Würden Sie eine Frau aus dem Osten heiraten, Herr Kazim?«

Hierzu meine Antwort:

✉ Haha, das wurde ich ja noch nie gefragt. Danke für Ihr Interesse, liebe Daggi.

Also, ich bin sehr glücklich verheiratet, also stellt sich mir diese Frage nicht. Aber prinzipiell ist mir nie in den Sinn gekommen, die Herkunft eines Menschen zur Grundlage des Miteinanders zu machen. Die theoretische Antwort ist: Natürlich hätte ich auch eine Frau aus dem Osten geheiratet, wenn es sich ergeben hätte. Genauso wie eine Iranerin, Nordkoreanerin, Türkin, Kanadierin, Nigerianerin, Französin etc. [setze hier eine Nationalität deiner Wahl ein]. Verstehen Sie?

Sind Sie Ossi? Und wollen Sie Mitglied im Harem werden? Das ist natürlich immer möglich. Bitte füllen Sie hierzu den Antrag auf Aufnahme in den erweiterten Harem, Formblatt O/2019/Ex-DDR für Ostdeutsche, in dreifacher Ausfertigung aus und reichen Sie die Dokumente inklusive Zeugnis Ihrer Haremsfähigkeit (bekommen Sie bei Ihrer Meldebehörde, bitte fragen Sie dort unbedingt nach!) im Kalifatssekretariat ein. Sie werden dann zu gegebenem Zeitpunkt von uns hören.

Holger A. schreibt mir am 26. September 2019 eine lange Wutmail. Darunter: »Du bist soooooo typisch für diese autoritären grünlinksversifften Ideologen, die nur die eigene Meinung gelten lassen und die ganze Welt mit Verboten belegen wollen!!!!!!!!!!!!!!«

Hierzu merke ich an:

1. Zum milliardsten Mal: Ich lasse alle Meinungen gelten, es gibt kluge Meinungen und idiotische, aber Rassismus und Menschenverachtung sind keine Meinung.
2. Du hast recht, sobald das Kalifat offiziell ausgerufen wird, werden eine Menge Verbote und Gebote in Kraft treten, zum Beispiel Duschpflicht vor Flügen (die teurer werden) und vor Benutzung von Bussen und Bahnen (die günstiger werden), Schuhausziehverbot in allen öffentlichen Verkehrsmitteln, Verbot von Benutzung von mehr als einem Ausrufezeichen pro Satz (und höchstens drei alle 1000 Zeichen), andernfalls ist eine Ausrufezeichensondernutzungsgenehmigung zu beantragen bei der Ausrufezeichensondernutzungsgenehmigungsbehörde, die direkt dem Kalifen unterstellt ist, Verbot von Liedern von Wolfgang Petry etc.

Wenn Streiten nicht mehr hilft
Oder:
Warum Ausgrenzen und Ächten
manchmal die einzige Lösung ist

Sollte man Pöbler und Populisten am besten ignorieren?

Nicht auf jeden Streit muss man sich einlassen. In manchen Fällen ist es besser, zu schweigen und Angriffe zu ignorieren. Zum Beispiel, wenn jemand offenkundig einen an der Waffel hat und nur pöbelt, um sich wichtigzumachen. Oder wenn jemand ständig etwas Provozierendes sagt, nur um wahrgenommen zu werden, und er es auf eine Reaktion geradezu anlegt. Solche Typen sollte man geflissentlich übersehen.

Es lohnt sich nicht, sich mit jeder idiotischen Aussage auseinanderzusetzen, weder sachlich noch unsachlich. Seine Zeit und seine Energie sollte man auf aussichtsreichere Gefechte verwenden.

Sollten wir Pöbler und Populisten also nicht besser komplett ignorieren? Wenn es der notorische Hass-E-Mail-Schreiber ist, der seine tägliche Nachricht schickt – ja. Man kann sein Mailprogramm so einstellen, dass Mails von ihm (oder ihr) automatisch im Müll landen. Man kann solche Leute auf Twitter, Facebook, YouTube, Instagram et cetera meiden.

Die Aussage: »Don't feed the trolls!« – also Provokateuren kein Futter zu geben –, ist jedoch nicht immer ein kluger Rat. Man muss abwägen, wann man gefahrlos schweigen kann und wann nicht.

Das ist für viele schon mal eine rein zeitökonomische Frage. Ich bekomme an manchen Tagen mehrere Hundert, manchmal auch mehr als tausend Zuschriften. Ich kann mich also schon aus zeitlichen Gründen nicht mit allen Leuten befassen. Manchmal habe ich auch einfach keine Lust, mich mit Schreibern zu streiten, die die millionste Kopftuchdebatte führen wollen. Auch da antworte ich nicht.

Es lohnt sich, seine Streitgegner sorgfältig auszuwählen: Wie sinnvoll ist es, sich mit dieser Person zu unterhalten? Hat sie etwas Kluges zu sagen? Bringt sie Argumente vor? Kann man aus der Zuschrift herauslesen, ob sie auch Zweifel an der eigenen Meinung artikuliert oder bereit ist zuzuhören? Hat sie sich schon häufiger gemeldet, und wenn ja, in welchem Ton? Wenn ich merke, dass ein Streit wahrscheinlich sinn- und ergebnislos bleiben wird – ab in die Ablage!

Wenn man aber Zeit und Lust hat zu antworten, sollte man es ruhig tun – auch den Trollen. Denn es geht ja, wie gesagt, nicht unbedingt darum, sie selbst zu überzeugen, sondern den Mitlesern und Zuhörern zu zeigen, dass das, was da gesagt wird, nicht unwidersprochen bleibt. Es geht darum, auch diese – oft stummen – Beobachter dazu zu bewegen, in die Debatte einzusteigen. Und wenn man selbst mit guten Argumenten aufwarten kann, liefert man ihnen für ihre eigenen Auseinandersetzungen Schützenhilfe.

Merkt man aber, dass der Streitpartner ausschließlich

darauf aus ist, eine Reaktion zu provozieren und damit ein Thema zu setzen, empfehle ich zu schweigen. Keineswegs sollte man über jedes Stöckchen springen, das einem Extremisten hinhalten, egal ob Rechte oder Islamisten oder sonstige Pöbler.

Ein Beispiel: Der AfD-Politiker Björn Höcke sagte im Oktober 2015 in der ARD-Talkshow von Günther Jauch, bei der unter dem Titel »Pöbeln, hetzen, drohen – wird der Hass gesellschaftsfähig?« auch über Flüchtlinge diskutiert wurde, er wolle ein »kleines Bekenntnis« ablegen. Er sei aus einer »tiefen Liebe zu meinem Land« in die Politik gegangen, und nun habe er »das zentrale Symbol unseres Landes« mitgebracht. Dann griff Höcke in die Innentasche seines Jacketts, holte eine Deutschlandflagge hervor, drapierte sie über die Armlehne seines Sessels und sagte: »Ich möchte Farbe hier an diesen historischen Ort in Berlin bringen!«

Über diese Aktion wurde tagelang diskutiert. Man mag Höckes Dekorieren mit der Deutschlandflagge albern, übertrieben, pathetisch oder schlicht bescheuert finden – aber ewig und drei Tage über einen öffentlichen Auftritt zu streiten, bei dem er es offensichtlich auf die Provokation angelegt hatte, halte ich für falsch. Hier hätte man vielleicht den Kopf schütteln und sich ein bisschen fremdschämen können und hätte die Angelegenheit ansonsten am besten ignoriert. (Ein Grund zu Kritik wäre vielmehr gewesen, warum man einem Mann wie Höcke überhaupt eine Bühne bietet.)

Allerdings befürchte ich, dass in unserer Gesellschaft eher zu viel als zu wenig geschwiegen und ignoriert wird.

Weil man die Auseinandersetzung scheut. Weil man keine Zeit, keine Nerven, keine Lust hat auf den Streit. Weil man nicht weiß, was man noch sagen soll. Aber auch, weil man sich mit Pöblern und Populisten nicht abgeben und sich nicht schmutzig machen will in der verbalen Auseinandersetzung mit ihnen. Man will nicht »low« gehen, sondern lieber »high« fliegen.

Ich kenne das. »Sie als Intellektueller und angesehener Autor sollten sich so nicht äußern!«, schrieb mir mal eine empörte Frau, die einen Dialog zwischen mir und einem Neonazi gelesen hatte – der Typ hatte mich bedroht, ich hatte ihn für seine dümmliche Art vorgeführt.

Ich weiß von vielen Menschen, dass sie einfach nichts tun, wenn sie in ihrer Position als Politiker, Journalist, Künstler, Verkäufer, Handwerker, Postbote, Reiseführer et cetera auf übelste Weise angegriffen werden, auch weil es die Anweisung von Vorgesetzten gibt, nicht verbal zurückzuschlagen. Das seien doch schließlich auch Kunden/Wähler/Leser, und die dürfe man nicht verprellen! Auch mir wurde schon mal von Kollegen gesagt, man dürfe Wutschreibern nicht antworten, jedenfalls nicht so derbe, wie ich das manchmal tue, denn schließlich seien »viele davon auch Abonnenten«. Wie bitte?! Wir sollen uns beschimpfen und anpöbeln lassen, weil diese Leute uns Geld zahlen? Darf also jemand, der zwei Abonnements hat, uns dann auch doppelt so häufig beleidigen?

Dieses Denken halte ich nicht nur für falsch, sondern für gefährlich. Auf diese Weise trägt man zur Zerstörung des zivilisierten Miteinanders und zur Grenzverschiebung bei. Klar, man muss auf seine Worte achten, sollte sich nicht zu unüberlegten Äußerungen hinreißen lassen, sollte tief durchatmen und möglichst besonnen reagieren. Aber einfach schweigen? Aus Angst vor verärgerten Kunden und wirtschaftlichen Einbußen? Nein!

Mehrere Firmen, die nichtweiße Mitarbeiterinnen und Mitarbeiter zu Kunden schicken, Handwerker zum Beispiel, Berater oder Betreuer, machen die Erfahrung, dass manche Kunden sich beschweren. »Schicken Sie uns einen Deutschen!«, diese Aussage sei gar nicht so selten, erzählte mir etwa die Mitarbeiterin eines betroffenen Unternehmens. Oft komme auch die Drohung, man werde eine schlechte Bewertung im Internet abgeben und zum Konkurrenten gehen, wenn diese Forderung nicht erfüllt werde. »Wir erklären unseren Kunden dann, dass die Hautfarbe unserer Mitarbeiter keine Rolle spielt und dass er die Person akzeptieren muss, die wir schicken. Tut er das nicht, soll er eben zur Konkurrenz gehen«, sagte mir die Frau. »In unserem Fall gibt es keinen Konkurrenten, der Kunde ist also auf unsere Dienste angewiesen. Solche Kunden lassen wir dann schon mal ein paar Monate warten.« Ein rassistischer Kunde müsse die Konsequenzen seiner Worte und seiner Einstellung zu spüren bekommen. Dass er eine gefühlte Ewigkeit warten müsse, sei der Preis. Und das ist gut so. Vielleicht überlegt er sich das nächste Mal genauer, was er sagt – und überdenkt seine Haltung. Ich finde, mit dieser Reaktion beweist die Firma Haltung.

Selbst wenn man weiß, dass man das eigentliche Ziel eines Streits, nämlich das Gegenüber mit Argumenten zu überzeugen, nicht erreichen wird, selbst wenn man denkt: »Mit solchen Leuten zu reden ist sinnlos!«, sollte ein Streit, wenn er öffentlich – egal ob von Angesicht zu Angesicht im Parlament, am Kaffeetisch, im Hörsaal oder im Internet – geführt wird, ausgefochten werden. Denn in den meisten Fällen hören oder lesen viele Menschen mit, die für Argumente sehr wohl zugänglich sind. Diese Leute erreichen wir. Ihnen sind wir Ermutigung, sich ebenfalls einzumischen. Wenn wir dann auch noch humorvoll streiten, unterhalten wir viele Menschen. Gleichzeitig machen wir einem größeren Kreis deutlich, dass wir nicht bereit sind, bestimmte Dinge hinzunehmen. Dass Toleranz gegenüber Intoleranz nicht tolerierbar ist.

Muss mann sich wirklich in Diskussionen auf Twitter, Facebook und Co. einmischen?

Über das Internet verbreiten sich Inhalte rasend schnell – ob hasserfüllte Botschaften oder schlicht falsche Behauptungen. Gelegentlich sind es auch sogenannte Bots, also Computerprogramme, die solche Inhalte massenhaft verfassen und streuen – man erkennt es manchmal an seltsamen Formulierungen, die tausendfach im gleichen Wortlaut auftauchen. Leider wird die Technik auch hier immer besser, die automatisierten Hassbotschaften immer perfekter.

Natürlich wäre es idiotisch, Computer, die solche Botschaften verschicken, inhaltlich überzeugen zu wollen. Stattdessen müssten eigene Algorithmen und Bots entwickelt werden, die dagegenhalten. Auch das mutet idiotisch an, weil dann Computer mit Computern streiten, aber zumindest würde man im digitalen Zeitalter für Waffengleichheit sorgen.

Wichtig wäre es dennoch, dass gegengehalten wird, denn es lesen eben viele Menschen mit. Hinter der Technik stecken immer Menschen – Gruppen, die die Verbreitung von hasserfüllten Inhalten zu ihren eigenen politischen Zwecken strategisch koordinieren, um ein großes

Publikum zu erreichen und um die Grenzen des Sag- und Denkbaren zu verschieben. Nur indem man Hatern, Trollen und Tatsachenverdrehern – und denen, die sie verharmlosen – offen, laut und deutlich widerspricht, kann man sie entlarven, ihnen etwas entgegensetzen und Mitlesern zeigen, dass das, was sie verbreiten wollen, nicht stimmt.

Wir überzeugen vermutlich nicht unseren eigentlichen Streitpartner, aber wir stärken vielen anderen den Rücken, unterstützen Betroffene und liefern ihnen Argumente für ihren eigenen Streit. Nur indem wir den Mund aufmachen, indem wir uns einmischen, mitmischen, mitstreiten, gegenhalten, überlassen wir den öffentlichen Raum – sei es das Internet, sei es irgendwo in der analogen Wirklichkeit – nicht den Spaltern und Hetzern. Das ist dringend geboten in Zeiten, in denen Argumente, Fakten, Anstand und Respekt vor anderen immer weniger zu zählen scheinen.

Ein Beispiel: CDU-Politiker Friedrich Merz verbreitete 2019 im Internet: »Man kann nicht wie #FridaysForFuture sagen: Wir schalten alles ab und verbieten individuelle Mobilität. Stattdessen müssen wir technologieoffen und ohne Panik möglichst viel CO_2 zu den geringsten Belastungen für Bürger und Unternehmen einsparen.« Nun mag man zu den »Fridays for Future«-Protesten stehen, wie man will, aber Fakt ist: Merz unterstellte den Klimaaktivisten eine Aussage, die sie nie getätigt hatten. Weder forderten sie, »alles« abzuschalten, noch verlangten sie ein Verbot der individuellen Mobilität. Merz aber stellte das als Tatsachen dar und baute auf diesem in Wahrheit ziemlich wackligen Fundament seine Argumentation auf.

Für Journalisten ist es Pflicht, wenn jemand solch hanebüchenes Zeug behauptet, diesen Unfug als solchen kenntlich zu machen. Aber inzwischen erreichen nicht nur Journalisten ein großes Publikum. Jeder kann sich für die ganze Welt hör- und sichtbar äußern. Es ist daher unser aller Aufgabe, solche Tatsachenverdrehungen, wenn wir sie entdecken, unbedingt richtigzustellen, mit einem eigenen Tweet oder in einem Kommentar unter dem kritisierten Tweet – erst recht, wenn der Urheber jemand mit großer Reichweite ist. Damit möglichst viele von denen, die den Unsinn lesen, auch erfahren, dass es Unsinn ist.

Ein anderes, bekanntes Beispiel: Beim Bundeskongress der AfD-Jugendorganisation Junge Alternative sagte im Sommer 2018 Höckes Parteifreund Alexander Gauland: »Hitler und die Nazis sind nur ein Vogelschiss in über tausend Jahren erfolgreicher deutscher Geschichte.« Hierüber empörten sich völlig zu Recht viele Menschen: Die Zeit des Nationalsozialismus, in der Deutschland die Welt in Schutt und Asche legte und den größten Massenmord in der Geschichte der Menschheit verübte, derart zu relativieren und zu verkleinern, darf nicht unwidersprochen bleiben. Sonst glauben noch mehr Menschen, dass das akzeptabel wäre. Ist es aber nicht.

Jemand, der uns im Zusammenhang mit Lügen und Hass im Internet leider allzu viel beschäftigt, ist US-Präsident Donald Trump. Manches von dem, was er sagt oder auf Twitter verbreitet, kann man getrost ignorieren. Aber: Er ist immerhin Präsident der USA, sein Wort hat großes Gewicht, Millionen von Menschen in der ganzen Welt hören ihm zu. Also sollte man dem allzu großen Unsinn, den er von sich gibt, immer etwas entgegensetzen. Am besten sollten das Leute tun, die mit ihm auf Augenhöhe stehen. Politikerinnen und Politiker aus der EU zum Beispiel. Sie sollten zwar die Form wahren, ihm aber immer wieder inhaltlich Kontra geben. Aber auch wir alle sollten uns äußern, auf Twitter und anderswo. Nur so kann man den Schaden, den der derzeitige US-Präsident anrichtet, und die Lügen, die er verbreitet, eindämmen.

Trump hat schon im Wahlkampf Grenzen verschoben, Tabus gebrochen und Werte zerstört. Wenige Wochen vor der Wahl tauchte zum Beispiel ein Tonband auf, auf dem er in Bezug auf Frauen sagte: »Wenn du ein Star bist, lassen sie dich alles tun! Greif ihnen an die Muschi! Du kannst alles tun!« Ebenso sagte er im Wahlkampf bei einem Auftritt in Iowa vor Tausenden Fans: »Ich könnte in der Mitte der Fifth Avenue *[in New York, Anm.]* stehen und jemanden erschießen – und ich würde keine Wähler verlieren.«

Ich befürchte, wenn man mit Trump oder seinen größten Fans spricht und ihnen die Entgleisungen vor Augen hält, wird das nur dazu führen, dass sie sich bestätigt fühlen. Sie wählen Trump nicht trotz, sondern wegen solcher Aussagen. Aber wenn wir schweigen, wird dieser Ton normal. Immer mehr Menschen, von denen wir es nicht für möglich gehalten hätten, werden anfangen, so zu reden und sich im Ton zu vergreifen. Denn, hey, Trump ist US-Präsident, einer der mächtigsten Männer der Welt, und wenn der so redet, dann dürfen wir das auch!

Nein! Wir sollten nicht nur denken, wie daneben das ist, sondern sollten es auch aussprechen.

Kürzlich sagte mir ein Freund: »Wie oft soll man denn

noch sagen, dass Trump ein Verrückter ist? Allmählich wissen es doch alle, oder?« Die Antwort lautet: leider nein. 61 Millionen Menschen haben für Trump gestimmt. 61 Millionen. Trotz der frauenverachtenden Tonaufnahme, trotz seiner Aussage, er könnte ungestraft jemanden erschießen, trotz vieler weiterer Entgleisungen. Er weiß, dass er trotz solcher furchtbaren Aussagen keine Stimmen verliert, und das zeigt, dass da in der Gesellschaft gehörig etwas schiefläuft. Die Zahl seiner Anhänger in den USA ist erschreckend konstant, selbst unter Androhung eines Amtsenthebungsverfahrens. Weltweit hat er noch viel mehr Fans. Andere Politiker in allen möglichen Ländern eifern ihm nach. Sie äußern sich herablassend und verächtlich über Minderheiten, sie verhöhnen Andersdenkende und Menschen mit Wurzeln in fremden Ländern.

Wie kann das sein?, fragt man sich. Ich bin davon überzeugt, dass es auch damit zu tun hat, dass ihm nicht laut genug widersprochen wird und dass sein Verhalten und seine Äußerungen für ihn keine Konsequenzen haben. Leute schütteln im Leisen den Kopf, heißen vielleicht nicht gut, was er sagt – aber sie widersprechen ihm nicht laut und deutlich, jedenfalls nicht in seinem direkten Umfeld. Er umgibt sich nur mit loyalen Leuten, und wer ihn kritisiert, fliegt.

Kritik an ihm kommt kaum an ihn heran, obwohl es in der amerikanischen Bevölkerung durchaus heftigen Widerspruch gibt. Man denke nur an den »Women's March« zu Beginn seiner Amtszeit, als in der gesamten Welt und vor allem in US-Städten Millionen Trump-Gegner, Männer wie Frauen, auf die Straße gingen. Trump wurde später sogar in einem Baseballstadion ausgebuht. Aber meist meidet Trump Situationen, in denen ihm jemand widersprechen könnte, und umgibt sich bei öffentlichen Auftritten nur mit handverlesenen Fans, die ihm geradezu zu Füßen liegen. Bei Pressekonferenzen versucht er, allzu kritische Fragesteller einzuschüchtern oder lächerlich zu machen, er beleidigt und beschimpft sie. Einmal hat er sich sogar über einen körperlich behinderten Journalisten lustig gemacht, selbst da kannte er keine Grenze.

Wir dürfen nicht aufgeben. Wir müssen laut und deutlich darauf hinweisen, wenn sich hasserfülltes Denken breitmacht, wir müssen uns wehren, wenn die Regeln unseres Zusammenlebens unter Druck geraten. Wie lange? Solange es nötig ist. Solange es solch ein Denken gibt.

Soll man Pöbler im Netz blockieren?

Sehr häufig höre ich den Vorwurf, das Sperren von Leuten im Netz sei »Zensur«. Damit schließe man Menschen aus der Diskussion aus, und das sei in einer Demokratie nicht akzeptabel. Auf diese Weise trage man dazu bei, dass sich eine »Blase« bilde, in der »andere Meinungen nicht zugelassen« seien.

Doch warum sollten im Netz andere Regeln gelten als im realen Leben? Stellen Sie sich vor, Sie treffen einen Bekannten. Sie plaudern ein bisschen, reden über dies und das. Schließlich kommen Sie auf ein Thema zu sprechen, bei dem Sie ganz anderer Auffassung sind als Ihr Bekannter. Es entwickelt sich eine handfeste Meinungsverschiedenheit, und plötzlich fängt diese Person an, Sie zu beschimpfen und zu bedrohen. Sie signalisiert womöglich, Ihnen Gewalt anzutun, weil Sie anderer Meinung sind. Was tun Sie? Sie gehen! Vielleicht zeigen Sie diese Person auch an, auf jeden Fall meiden Sie sie künftig.

Oder nehmen wir einen Verwandten, den Sie zu sich nach Hause eingeladen haben. Diese Person beginnt unvermittelt, herumzuschreien und Sie zu beleidigen. Sie brüllt irgendwelche Parolen, redet wirres Zeug, lässt niemand anderen mehr zu Wort kommen, beantwortet keine einzige Frage oder reagiert mit unsinnigen Gegenfragen, lässt jedes sinnvolle Gespräch entgleisen. Laden Sie diesen Verwandten wieder ein? Nein! Möglicherweise werfen Sie ihn sogar aus Ihrem Haus.

Ich kann diesen Unsinn, wir bewegten uns in »Blasen«, nicht mehr hören! Jedes Umfeld eines Menschen ist, mehr oder weniger, eine Blase. Man bewegt sich in einem vertrauten Kreis. Jeder hat einen Freundeskreis, der sich zwar aus Persönlichkeiten aus unterschiedlichen sozialen Umfeldern zusammensetzten mag, aber in Relation zur Gesamtgesellschaft wird das in den meisten Fällen nur ein Ausschnitt, also: eine Blase, sein.

Natürlich ist es gut, wenn wir uns aus unserem gewohnten Umfeld herausbewegen und uns in fremde Milieus wagen. Man lernt Neues, erweitert oft seinen Horizont, erfährt, was andere Menschen umtreibt, was ihre Sorgen und Nöte, ihre Hoffnungen, Wünsche und Ziele sind. Darauf aufbauend, kann man seine eigene Sicht der Dinge neu justieren, vielleicht korrigieren. Oder man sieht sie bestätigt, sie hat dann ein solideres Fundament. Es ist auch gut, sich immer wieder mit Meinungen und Positionen auseinanderzusetzen, die weit entfernt sind von den eigenen. Das macht Streit aus. Deshalb ist es, um bei diesem Begriff zu bleiben, sinnvoll und klug, seine »Blase« so groß wie möglich zu halten.

Aber wenn Leute ständig pöbeln, schimpfen, beleidigen, drohen, muss ihnen niemand zuhören, im Netz ebenso wenig wie in der realen Welt. Wenn man sehr verständnisvoll ist, versucht man vielleicht herauszufinden, was der Grund für die Tiraden sind. Man gibt den Menschen die Chance, sich angemessen zu artikulieren. Man weist sie außerdem darauf hin, dass sie, wenn sie sich nicht vernünftig ausdrücken, kein Gehör mehr finden werden. Aber wenn sie ihr Verhalten dann nicht ändern, wendet man sich irgendwann entnervt ab.

Nein, es ist keine »Zensur«, wenn man nicht willens ist, sich beleidigen und beschimpfen zu lassen. Rücksichtsvoller Umgang ist unabdingbar, wenn wir im Einklang miteinander leben wollen. Und ja, natürlich ist es im Sinne eines konstruktiven Miteinanders, sich nicht vorschnell abzuwenden.

Wie weit darf jemand gehen, bis wir ihn blockieren, also ignorieren, ihm nicht mehr zuhören? Nun, zu Wort kommen kann diese Person ja weiterhin, nur nicht mehr auf meinen Kanälen. Damit ist also ihr Recht, ihre Meinung frei zu äußern, nicht eingeschränkt. Ich höre sie nur nicht mehr. Also, ab wann sollten wir Leute auf dem persönlichen Kanal sperren?

Da sind wir wieder bei einer Grenzdebatte. Letztlich muss das jeder individuell für sich entscheiden. Denen, die in den sozialen Medien aktiv sind und viel Austausch mit Followern haben, rate ich dazu, Regeln aufzustellen, nach denen auf dieser Seite kommuniziert wird. Man kann das »Spielregeln« nennen oder »Verhaltensregeln« oder »Netiquette«, eine Wortkombination aus den englischen Wörtern für »Netz« und »Etikette«. Damit kann man festlegen, dass man Wert auf einen respektvollen Austausch legt und dass Unhöflichkeiten, Beleidigungen und eine allgemein respektlose Sprache zum Löschen von Beiträgen oder auch zum Ausschluss aus der Kommunikation führen werden.

Wann genau eine Grenze überschritten ist, die zum Ausschluss oder zur Blockade führt, kann dabei unterschiedlich sein.

Eine »Netiquette« kann zum Beispiel so aussehen:

»Dies ist meine Webseite, hier kann man sich informieren über XY, und hier darf auch diskutiert werden. Es steht jeder Nutzerin und jedem Nutzer frei, ihre beziehungsweise seine Meinung frei zu äußern. Ich bin aber für einen konstruktiven Meinungsaustausch auf der Basis eines respektvollen Umgangs miteinander. Mir ist wichtig, dass wir auch mit Menschen, die anderer Meinung sind, respektvoll umgehen. Beleidigungen, Beschimpfungen und Drohungen werden nicht toleriert und ohne Vorwarnung gelöscht. Ebenso dulde ich keine rassistischen oder sexistischen Beiträge, strafrechtlich relevante sowieso nicht, ebenso wenig grob unhöfliche. Bei Wiederholung führt das aus Rücksicht auf alle anderen Nutzerinnen und Nutzer zum Ausschluss von jeder weiteren Diskussion auf meiner Seite. Natürlich dürfen Diskussionen auch engagiert, emotionsgeladen oder scharf geführt werden. Bedenkt aber, andere immer so zu behandeln, wie ihr selbst behandelt werden möchtet. Bitte orientiert euch am jeweiligen Diskussionsthema und bleibt sachlich.«

Das mag selbstverständlich klingen, aber ein Blick ins Netz zeigt: Es ist alles andere als das. Solche Verhaltensregeln sichtbar auf seine Seite zu stellen und immer wieder mal darauf hinzuweisen ist jedoch nur sinnvoll, wenn man konsequent ist und die Einhaltung dieser Regeln auch durchsetzt – und man, wenn nötig, wiederholte Verstöße mit dem Löschen von Kommentaren und dem Blockieren von Nutzern ahndet.

Ebenso sinnvoll ist es, auch im persönlichen Gespräch oder im schriftlichen Austausch per Brief oder E-Mail ganz deutlich zu sagen: Pass auf, ich rede gerne mit dir weiter, aber Voraussetzung ist, dass du die Gewalt aus der Sprache nimmst – andernfalls ist Schluss mit Kommunikation.

Ich rate gleichwohl dazu, insgesamt duldsam und großherzig in der Diskussion zu sein. Die Leute sind manchmal emotional aufgewühlt, hatten einen schlechten Tag, können sich nicht vernünftig ausdrücken oder sind einfach nicht die hellsten Zeitgenossen. Man kann dann, wenn sie sich mal im Ton vergreifen oder inhaltlich daneben äußern, ruhig ein bisschen nachsichtig sein.

Ich versuche, selbst den übelsten Hatern gegenüber empathisch zu sein. Ich stelle mir vor, wie sie dasitzen, vielleicht einsam, vielleicht ungeliebt, ohne jemanden, mit dem sie reden können. Es klappt nicht oft, aber manchmal empfinde ich dann wirklich ein bisschen Mitgefühl, auch Mitleid, mit diesen Leuten. Empathie ist wichtig, es ist gesellschaftlicher Kitt, denn wir müssen (und wollen ja auch, meistens jedenfalls) mit anderen zusammenleben, und mit ein bisschen Mitgefühl für seine Mitmenschen funktioniert das besser.

Man darf aber auch nicht blind werden für die Realitäten. Oft sind es eben nicht einsame Typen, die einfach nur ihren Frust abbauen wollen, sondern Leute, die nur darauf warten, ihre Gewaltfantasien, die sie momentan noch ins Netz kotzen, irgendwann in der realen Welt auszuleben. Man merkt das rasch, wenn man sich mit diesen Leuten austauscht: Mäßigen sie sich, wenn man ihnen – freundlich, nachsichtig – antwortet? Oder rasten sie dann erst recht aus? Ich achte deshalb immer darauf, dass in meinen Antworten an solche Leute kein Verständnis für den Hass hineinkommt, und schon gar keine Demut gegenüber dem Hater. Denn das würde ihm das Gefühl vermitteln, es wäre in Ordnung, so zu reden. Wer brutal und gehässig kommuniziert, verdient kein Verständnis. Nie.

Ich verstehe aber auch, dass manche Leute weniger geduldig sind und jemanden gleich beim ersten Mal, wenn er oder sie sich danebenbenimmt, blocken. Manchmal, wenn jemand durch allzu grobe Wortwahl auffällt und ich keine Lust darauf habe, ist er auch bei mir, zack, draußen. Wie gesagt: Es gibt kein Recht auf Gehör. Von einem aber rate ich dringend ab: gar nicht zu blocken, sondern im Namen einer falsch verstandenen Meinungsfreiheit selbst übelste Beschimpfungen, Verleumdungen, Lügen, absichtlich verdrehte Tatsachen et cetera zuzulassen. So etwas macht jede echte, freie Debatte unmöglich.

Ich möchte das an einem Beispiel erläutern: Im Frühjahr 2019 habe ich mit bereits erwähntem Tübinger Oberbürgermeister Boris Palmer eine Woche lang die Facebook-Seite getauscht. Ziel war, mit der Followerschaft des jeweils anderen konfrontiert zu sein – und das Publikum, zumindest große Teile davon, mit Sichtweisen und Meinungen zu konfrontieren, die es nicht gewohnt ist. Wenn man so will, habe ich meine Blase verlassen.

Palmer, Mitglied der Grünen, ist nämlich bundesweit bekannt für seine drastische Ausdrucks- und Handlungsweise. Mal schreibt er über einen Radfahrer, der ihn »in der Fußgängerzone bei einer Slalomfahrt fast umgenietet« habe, wie er es formuliert, und von dem er nicht verschweigen wolle, »dass er schwarze Hautfarbe hatte und das Hemd so weit offen, dass er quasi mit nacktem Oberkörper provozierte«. Dann sagt er über Berlin: »Wenn ich dort ankomme, denke ich immer: ›Vorsicht, Sie verlassen den funktionierenden Teil Deutschlands.‹« Wieder ein anderes Mal gerät er in Tübingen mit einem Studenten aneinander, will dessen Personalien aufnehmen, fotografiert ihn und zückt seinen Dienstausweis.

Palmer hält sich für einen Realpolitiker, der Probleme anspreche und dafür in eine rechte Ecke gestellt werde. Stempele man Menschen auf eine Weise ab, wie es ihm widerfahre, höre man ihnen nicht zu und nehme ihre Sorgen nicht ernst, argumentiert er. So treibe man sie erst recht in die Arme von Rechtspopulisten.

Ich wiederum halte ihn für einen Politiker, der zwar einige bedenkenswerte Ideen hat und mit dem man im direkten Miteinander konstruktiv reden kann, der zuhört und durchaus beachtliche lokalpolitische Erfolge in Tübingen aufweisen kann, dem aber zu oft die Emotionen durchgehen, der sich rassistischer Vorurteile und einer Sprache bedient, die Rassisten in ihrem Rassismus bestätigt und solche Haltungen damit erst recht salonfähig macht. Mir ist es egal, ob Leute mit diesen Einstellungen Palmer oder die AfD wählen – Menschenverachtung bleibt Menschenverachtung.

Bei unserem Facebook-Tausch erwartete ich also, dass sich auf seiner Seite entsprechende Follower zu Wort melden würden. Dennoch fand ich es einen Versuch wert herauszufinden, ob man mit Palmers »Freunden« und »Abonnenten«, insgesamt etwa 50 000, in einen Dialog treten kann. Man solle ja »mit Rechten reden«, wie immer wieder gefordert wird. Umgekehrt kommunizierte Palmer mit meinen Followern. Außer dass wir die privaten Nachrichten des anderen nicht lesen, hatten wir keine Regeln aufgestellt. Ich postete also auf der Palmer-Seite, wie ich es auf meiner eigenen getan hätte. Schon die erste Begrüßung mit »Asalamaleikum und Grüß Gott« sorgte bei einigen Followern für einen erhöhten Puls.

Das Ergebnis des Experiments war für mich ernüchternd. Ein sinnvoller Dialog, das ist meine Erkenntnis, war auf der Facebook-Seite von Boris Palmer nicht möglich. Ja, es gab einige, die ernsthaftes Interesse an einem Austausch hatten. Auch manche, die zwar eine harte Auseinandersetzung suchten, aber doch auch bereit waren, zuzuhören und eigene Positionen wenigstens zu überdenken. Ein erheblicher Teil der Follower wollte aber keine konstruktive Debatte. Zwar dürfte es eine Minderheit sein, die pöbelte, beleidigte, »alternative Wahrheiten« und Unterstellungen verbreitete und darauf abstruse Vorwürfe konstruierte. Aber es war, wie so oft und wie auch jenseits der virtuellen Welt, eine laute Minderheit, die den Ton angab.

Auf Nachfrage lieferten die betreffenden Personen keine Belege für ihre Thesen oder eröffneten, mit einer neuen absurden Behauptung, eine neue Front. Wenn gar nichts mehr ging, hielten sie mir den Begriff »Lügenpresse« entgegen. Und an allem waren natürlich »die Ausländer«, »die Flüchtlinge«, »die Muslime« schuld.

Jemand schrieb über mich: »Der Tausch wäre eine wirklich interessante Sache gewesen, allerdings nicht mit diesem Teilnehmer. Da er im Grunde selbst Gegenstand der Migrations-Debatte ist.« Ein anderer: »Hasnain Kazim, Du pakistanischer Untermensch, verpiss dich zurück nach Pakistan wo Du hingehörst, Du Jammerfreddy.« Oder: »Haben Sie ein Kindheitstrauma gehabt, welches noch nicht verarbeitet wurde?«

Es ist bemerkenswert, wie viele Rechtsextreme bis Neonazis sich auf Palmers Seite lautstark äußern dürfen. Palmer versicherte mir – und ich will es ihm mal glauben –, dass er viele dieser Leute noch nie zuvor auf seiner Seite gelesen habe. Es scheint plausibel, dass es neue Fake-Accounts waren, mit deren Hilfe das Experiment zum Scheitern gebracht werden sollte.

Allerdings gab es auch einige »Freunde« Palmers, also von ihm bestätigte Leute, die sich auf abwertende, diffamierende oder menschenverachtende Weise äußerten. Anders als Palmer, der kaum Beiträge löscht und ihre Urheber sperrt, bin ich der Überzeugung, dass man all jene, die sich in einer Debatte destruktiv verhalten, ausgrenzen muss. Drei Dutzend Leute musste ich in jener Woche blockieren. Es entstand ein regelrechter Wettbewerb, wer schneller gesperrt wird. Etwa ein Dutzend Leute pöbelte, nachdem ich sie geblockt hatte, weiter – per E-Mail. Einer schrieb: »Ein Deutscher lässt sich von einem Kanakenschwein nicht den Mund verbieten!« Ein anderer: »Was du wolle von unsere Oberbürgermeister???«

Die Namen der blockierten Follower teilte ich Palmer im Anschluss an das Experiment mit. Wenn er sie wieder auf seiner Seite mitreden lassen mochte, war das seine Sache. Ich hingegen halte es für wichtig, dass wir in einer zivilisierten Gesellschaft anständig miteinander umgehen. Das schließt Provokationen und das eine oder andere derbe Wort nicht aus, aber wer nur diese Art der Kommunikation kennt, hat meiner Ansicht nach kein Recht auf Gehör und muss bewusst ausgegrenzt werden.

In seiner Bewertung des Experiments schrieb Palmer, in der Frage, wie man mit anderen Haltungen umgehe, »trennen uns Welten«. So, als würde ich andere Haltungen nicht tolerieren. Das ist falsch. Menschen sind verschieden, »andere Haltungen« selbstverständlich. Man sollte über sie nachdenken, daraus etwas mitnehmen, sich auch mal überzeugen lassen und sich gegebenenfalls korrigieren. Aber Hass, Rassismus und Menschenverachtung sind keine »andere Haltung«, auch keine »akzeptable Meinung in einem breiten Meinungsspektrum«, wie mir jemand schrieb.

Palmer fand, ich schenkte den Pöblern zu viel Beachtung und räumte ihnen zu viel Platz ein. »Warum aber nimmt dieses eine Prozent der Kommentare – mehr war es nicht – fast den ganzen Zitateraum ein? Ist das nicht eine ganz schiefe Charakterisierung meiner Community und Ihrer Gesprächspartner?«, schrieb er in einem Kommentar. Nein, ist es nicht.

Wenn an einem schönen, edlen Kleid am Saum ein bisschen Hundescheiße klebt, ist das ganze Kleid schmutzig. Man kann es zwar noch tragen, aber es ist unangenehm. Erst wenn man es gereinigt hat, ist es wieder in Ordnung.

Man kann auch in einem Pool schwimmen und sogar unbedenklich einen Schluck Wasser daraus trinken, obwohl gerade ein Hund hineingepinkelt hat. Aber will man das?

Wenn in einem Topf mit Essen an einer Stelle Schimmel ist, ist der gesamte Inhalt unappetitlich. Man kann den Rest vielleicht noch essen. Aber macht man das?

So ist es auch mit dem Streiten, ob im Netz oder in der echten Welt: Ein guter Austausch, eine fruchtbare Diskussion, eine sinnvolle Auseinandersetzung ist nur dann möglich, wenn man all jene, die durchgehend destruktiv sind, ausschließt. Man kann es ja auf Zeit tun – ich zum Beispiel entblocke in einer großzügigen und weisen Geste einmal im Jahr all die Ausgesperrten. Die meisten merken es nicht einmal. Manche kommen wieder und benehmen sich fortan. Wieder andere fangen erneut an zu pöbeln – und sind dann eben wieder für die nächste Zeit blockiert. Wer hingegen glaubt, auch diese Leute hätten immer ein Recht mitzumachen, auch sie müssten gehört werden, der riskiert, jedes konstruktive Miteinander zu zerstören.

Ein Beispiel für einen Schreiber, mit dem ich nicht diskutiere, dem ich nicht zurückschreibe und den ich auch nicht anzeigen kann, weil er mir anonym schreibt, ist jemand, der sich »justice4germany« nennt und mir am 10. November 2019 schreibt:

 »Warum verziehst du dich nicht nach Indien oder Pakistan du bescheuerter, identitätsloser Mischlingsjunge? Geh etwas in der heiligen Kloake baden oder ein bisschen mit den Dorfältesten minderjährige Mädchen vergewaltigen... Wer bist du, um uns irgendwelche Moralpredigten zu geben? VERPISS DICH, DU MINUSMENSCH.

Ihr Missgeburten werdet hier als Zivilokkupanten angesiedelt, nachdem die Alliierten & Bolschewisten unser Volk ermordet haben. Dass du HURENSOHN bei Spiegel ›arbeitest‹, sagt alles. Wenn die Wende kommt, brauchen wir euch lediglich auf Verdacht einsammeln, euch ALLE von den gleichgeschalteten Lügenpressen, egal ob privat oder zwangsfinanziert, die kleinste Verbindung wird schon ausreichen. Das wird ein Fest, vielleicht komm ich dich mal besuchen, wenn du richtiger Arbeit zugeführt wurdest, um deine dumme Visage zu begutachten.

Von wegen ihr Bolschewisten müsst wieder hassen lernen. Außer stumpfen, ungerechtfertigten Hass auf alles, was euch höher steht, habt ihr hirntoten Lappen eh nichts drauf. Davon abgesehen fürchtet ihr Schwuchteln die Wahrheit. Wenn ihr stark wärt, würdet ihr nicht am laufenden Band lügen müssen, logisch, oder? Wenn die Wahrheit dominiert, fliegst du aus dem bisschen Land, dass die kindervergewaltigenden ›Befreier‹ uns übriggelassen haben, du dreckiger, fremder, gemischtrassiger, heimatloser Bastard. Du fliegst aber erst raus, nachdem du lange, lange im Arbeitslager deine Schuld dafür getilgt hast, dass die heilige deutsche Erde einen nutzlosen Fresser wie dich ernähren musste, während du undankbarer, gemischtrassiger Flegel nichts Besseres zu tun wusstest, als den Schuldkult zu befeuern – und das, obwohl du NICHT DEUTSCH bist (Kuh, Pferd, Stall und so ...). Ein BRD-Lappen vom Besatzer macht dich so wenig deutsch wie der Fakt, dass das Ding, das du Mutter nennst, dich hier geworfen hat.

CNN award, ahahaha, für was? Haste mit anderen hirntoten Mainstream-Drohnen ein paar Kinder geknallt auf Epsteins Pädo-Insel oder was? Du bist so ein wertloser Abschaum.

Na, wirst du mir auch, einem ›echten Deutschen‹, wie du Zivilokkupant es ausdrückst, antworten? Glaube kaum. Habe die Ehre, Herr gemischtrassiger Bolschewist.«

Wenn es bedeutet, dass man in seiner »Filterblase« verharren will, wenn man solche Leute aus dem Diskurs ausschließt, dann bleibe ich gern in meiner Blase. Blockieren? Ja, natürlich!

Juristische Konsequenzen

Ich bin der Überzeugung, dass Menschen für ihre Worte einstehen und geradestehen müssen. Wir bringen das ja schon Kindern bei: Wenn sie beispielsweise jemanden beleidigen, sagen wir: Das ist nicht in Ordnung! Wir tun das mit Verständnis und in dem Bemühen, dem Kind zu erklären, warum wir so nicht reden. Man nennt das Erziehung.

Mit einem Erwachsenen haben wir vielleicht weniger Nachsicht, aber auch mit ihm sollte man so streiten, dass es möglichst zu Einsicht und Verständnis führt. Wer aber nicht versteht – oder nicht verstehen will –, muss fühlen. Das bedeutet auch: Wer bestimmte Grenzen überschreitet, muss dafür juristisch zur Verantwortung gezogen werden.

Ich rede nicht von den Dingen, die vielleicht im Eifer des Wortgefechts mal fallen und die man zwar ansprechen und ächten sollte, für die man aber nicht gleich zur Polizei rennt und Anzeige erstattet oder zivilrechtliche Klage einreicht. Ich rede von Rassismus und Hetze gegen Menschen.

US-Präsident Trump beispielsweise hatte im Sommer 2019 mehrere Abgeordnete aus dem Repräsentantenhaus dazu aufgefordert, in ihre vermeintlichen Heimatländer zurückzukehren und die Probleme dort zu lösen, anstatt den USA Ratschläge zu erteilen. »Wenn es ihnen hier nicht gefällt, dann können sie gehen«, sagte er in Richtung der Politikerinnen. »Sie hassen unser Land, sie beschweren sich die ganze Zeit.« Damit stellte er den Frauen, die entweder als Kind in die USA gekommen waren oder die als Nachfahren von Eltern aus anderen Ländern in den USA geboren waren, in Abrede, Amerikanerinnen zu sein.

In Folge dieser Aussagen des US-Präsidenten fühlten sich offensichtlich viele ermutigt, ebenso zu reden. Die Stadt New York zog angesichts dieser Entwicklung eine Grenze: Sie beschloss hohe Strafen gegen Leute, die sich diskriminierend gegenüber Zuwanderern verhalten oder äußern. Die Verwendung des Begriffs »illegaler Ausländer« wurde unter Strafe gestellt. In der Richtlinie heißt es, dass es auch gegen das Gesetz verstoße, einen Menschen wegen seiner Herkunft aufzufordern, in seine Heimat zurückzugehen. Ebenso werde bestraft, wer Menschen wegen schlechter Englischkenntnisse diskriminiere. Strafgebühren könnten bis zu 250 000 Dollar betragen. Grund dafür sei auch die aktuelle Atmosphäre im Land, der man juristisch etwas entgegensetzen wolle, berichteten mehrere US-Medien.

Ich weiß nicht, ob solch eine Richtlinie rechtlich Bestand haben wird. Aber sie setzt auf jeden Fall ein Zeichen. Ich halte das für richtig.

Gleichwohl können Gesetze und Rechtsprechung, die sich gegen Hass und Hetze richten, durchaus heikel sein. So beschloss zum Beispiel der Europäische Gerichtshof überraschend, dass Internetplattformen wie Facebook von nationalen Gerichten gezwungen werden dürfen, bei

Kommentaren, die gegen ein Gesetz verstoßen, wortgleiche Äußerungen zu suchen und diese ebenfalls zu löschen. Zudem können Gerichte auch eine weltweite Löschung problematischer Inhalte anordnen.

Anlass für das Urteil war, dass die frühere österreichische Grünen-Politikerin Eva Glawischnig in Facebook-Kommentaren als »miese Volksverräterin« bezeichnet worden war. Diese Kommentare und Posts wurden zunächst nur in Österreich ausgeblendet. Die Politikerin hatte aber gefordert, dass diese Beleidigungen auch außerhalb Österreichs gelöscht werden – ein nachvollziehbarer Wunsch, dem das Urteil Rechnung trug.

Wenn aber nun nationales Recht im Internet weltweit umgesetzt werden muss – was ist dann zum Beispiel mit Texten und Meinungen, die einem Diktator nicht gefallen? Dass sie in seinem Land ausgeblendet werden, ist schlimm genug. Darf Kritik an ihm dann aber nirgendwo mehr zu sehen sein? Darf, um ein Beispiel zu nennen, der türkische Präsident Recep Tayyip Erdoğan bestimmen, was über ihn auf Facebook, Twitter, Instagram in Deutschland oder Frankreich oder Argentinien geschrieben wird? Es wäre schlimm, wenn das so wäre. Es bräuchte also allgemeingültige Regeln, die Hetze, Beleidigungen, Verleumdungen, Hassbotschaften, Drohungen untersagen. Sich auf solche Regeln zu einigen, dürfte ein Mammutprojekt werden.

Ähnlich schwierig finde ich übrigens die Frage, ob es gut ist, sich im Internet anonym bewegen und zu Wort melden zu können. Ich selbst tue das grundsätzlich nicht. Und ich sage auch: Wer mir schreibt oder auf meinen Seiten kommentiert, hat größere Freiheiten zu sagen, was er denkt, wenn er es mit Namen und Gesicht tut. Wer schimpft und kritisiert, soll wenigstens so viel Rückgrat haben, dass er als Person dafür einsteht. Wer anonym pöbelt, ist vor allem: feige. Und Leute, die ständig die Burka kritisieren (aus Gründen, die ich in weiten Teilen nachvollziehen kann), aber selbst mit einer »Internetburka« herumsurfen, sind: inkonsequent (und ein bisschen dumm). Solche Leute blocke ich eher als jene, die nicht anonym unterwegs sind.

Andererseits verstehe ich, dass Anonymität in manchen Umfeldern geradezu Voraussetzung für wichtige Kritik ist. In Autokratien und Diktaturen kann echte Kritik nur anonym geäußert werden, denn Kritik bedeutet dort Gefahr für Leib und Leben. Ich verstehe auch, dass es Internetforen gibt, in denen Anonymität die Kommunikation erst ermöglicht, etwa wenn sich Menschen über Krankheiten oder sehr private Erlebnisse austauschen. Auch da wäre eine Klarnamenpflicht nicht sinnvoll.

Wenn Menschen aber nur deshalb anonym bleiben, damit sie straflos drohen und pöbeln können, sprich: aus Feigheit, bin ich dafür, sie an die Öffentlichkeit zu zerren. Wir brauchen eine gesetzliche Pflicht für die Betreiber von Internetplattformen, Nutzerdaten herauszugeben, um damit die Strafverfolgung zu ermöglichen. Bislang kommen leider viel zu viele Leute mit den übelsten Sachen straffrei davon. Ich habe inzwischen mehrfach die Erfahrung gemacht, dass trotz Morddrohungen Verfahren eingestellt werden – entweder weil die Verfasser von Hassnachrichten nicht ermittelt werden konnten oder weil sie einfach behaupteten, sie hätten die Nachricht nicht geschrieben, sondern jemand anderes habe sich Zugang zu ihrem Computer oder zu ihrem E-Mail- oder Social-Media-Account verschafft. Das ist frustrierend.

Wer sich mit dem Gedanken trägt, juristisch gegen Beleidigungen und Drohungen im Netz vorzugehen, sollte sich also am besten vorab von erfahrenen Personen oder Hilfsgruppen beraten lassen, ob ein solcher Schritt Erfolg verspricht. In Fällen, in denen eine Anzeige oder Klage absehbar zu nichts führen wird, sollte man sich die Kraft und die Nerven – und im Fall einer Klage auch das Geld – für so eine hoffnungslose Auseinandersetzung sparen.

Zudem müsste es viel einfacher werden, im Fall von Hass im Netz Anzeige zu erstatten. Kein Mensch druckt Kommentare in sozialen Medien, möglicherweise lange Wortwechsel oder E-Mails mit allen dazugehörigen technischen Daten, aus, um damit zur nächsten Polizeistation zu gehen. In manchen Bundesländern kann man zwar inzwischen relativ unkompliziert Anzeige erstatten, aber es bleibt immer noch viel zu tun.

Eine neue Qualität an juristischer Ignoranz bewies ein Urteil im Fall der Grünen-Politikerin Renate Künast, die auf Facebook auf übelste Weise beschimpft worden war. Künast wehrte sich vor Gericht – und verlor in erster Instanz. Die Richter entschieden allen Ernstes, Bezeichnungen wie »Dreckschwein«, »Stück Scheisse«, »Sondermüll« oder »Drecks Fotze« seien in diesem Fall keine Beleidigungen, sondern »legitime Meinungsäußerungen mit Sachbezug«, weil sie sich auf einen Zwischenruf von Künast aus dem Jahr 1986 im Berliner Abgeordnetenhaus bezogen hätten. Künast hatte sich damals an der Pädophilie-Debatte bei den Grünen beteiligt, und ihr war unterstellt worden, die Straffreiheit von Sex mit Kindern unterstützt zu haben, was Künast aber immer zurückgewiesen hat.

Dieses Urteil, das Pöbler wahrscheinlich als Freibrief interpretieren, um noch heftiger zu hetzen, und das hoffentlich in einer höheren Instanz revidiert werden wird, zeigt leider, dass Politiker und Richter das Internet immer noch als eine Art Paralleluniversum sehen. Von den Dingen, die sich dort abspielen, verstehen sie nichts, weshalb sie auch nicht gegen digitale Grenzüberschreitungen vorgehen. Würde jemand eine Frau von Angesicht zu Angesicht in aller Öffentlichkeit als »Drecksfotze« beschimpfen, würde er bestraft. Schreibt er im Internet »Drecks Fotze«, ist das eine »legitime Meinungsäußerung mit Sachbezug«. Als ob das eine schlimmer wäre als das andere.

Das Problem ist: Wenn man versucht, sich juristisch zu wehren, und dabei scheitert, nützt es den Hatern. Sie schlachten diese – aus ihrer Sicht – juristischen Siege aus, indem sie die Niederlagen ihrer Gegner verbreiten und andere ermutigen, weiter zu hassen und zu hetzen, denn es sei ja erlaubt und es könne ihnen eh nichts passieren.

Insgesamt stelle ich aber doch ein Umdenken fest. Ich lese und höre häufiger von Geldstrafen, die für Hass im Netz verhängt werden. Und je mehr Menschen sich gegen Beleidigungen, Beschimpfungen, Drohungen, Verleumdungen wehren, im Internet wie in der realen Welt, desto mehr drängen sie Politik und Justiz zum Handeln. Es muss klar werden, dass zum Beispiel auf Demonstrationen gebrüllte Aussagen wie: »Wenn wir wollen, schlagen wir euch tot!«, oder: »Ein Baum, ein Strick, ein Pressegenick!«, juristische Folgen haben müssen.

Wir dürfen Hass nicht tolerieren. Nicht auf der Straße und nicht im Netz.

Zum Schluss:
Wofür wir streiten müssen

»Streit spaltet die Gesellschaft!«, schrieb mir kürzlich ein Leser. Er hatte mir zuvor faktisch falsches Zeug geschrieben und mich dabei auch noch beschimpft. Ich hatte ihn daraufhin auf seine inhaltlichen Fehler hingewiesen und ihm geschrieben, dass seine Sprache ziemlich unpassend sei. Umgehend verbat er sich solche Kritik von mir. »Ich darf ja wohl noch meine Meinung sagen!!!!«, schrieb er. Ich antwortete, dass ich ihn zu keinem Zeitpunkt in seiner Meinungsfreiheit eingeschränkt habe, dass es aber selbstverständlich zur Meinungsfreiheit gehöre, dass ich ihm antworten und ihn auch kritisieren dürfe. »Sie wollen doch nur streiten!«, schrieb er daraufhin, und: »Sie spalten die Gesellschaft!!!«

Das ist so nicht ganz richtig.

Es wäre schön, wenn niemand streiten müsste.

Eine Gesellschaft, in der sich alle Menschen einig sind und in Frieden und Eintracht miteinander leben, einander verstehen, Rücksicht aufeinander nehmen, Fehler verzeihen, Kritik, wenn überhaupt nötig, annehmen, ja, sich zu Herzen nehmen und sich daraufhin bessern und einmal gemachte Fehler nicht wiederholen, einander helfen und dafür Sorge tragen, dass es jedem Menschen gut geht, wäre toll.

Aber das ist eine Utopie.

Eine solche Gesellschaft gibt es nicht.

Selbst in der friedlichsten Gemeinschaft gibt es hin und wieder Konflikte. Es führt kein Weg daran vorbei, dass wir uns auch mal uneinig sind, unterschiedliche Meinungen haben, miteinander streiten. Streit ist notwendig. Damit er stattfinden kann, muss es einen Rahmen geben. Es gibt Gesetze, die besagen, was erlaubt ist und was nicht. Es gibt das Gewaltmonopol des Staates, das Gewalt als Mittel des Streites für uns Privatstreitende verbietet; man kann also nicht einfach ein Messer oder eine Pistole zücken und seiner Meinung mit Hilfe dieser Waffe Geltung verschaffen. Es gibt aber auch Regeln der Moral und des Anstandes, die man hier und da zwar übertreten kann und darf, wofür man dann aber auch – ebenfalls innerhalb dieses Rahmens – die Konsequenzen tragen muss.

Ein Streit zielt zunächst einmal darauf, eine Lösung zu finden, mit der am Ende alle einverstanden sind. Das verlangt Kompromissbereitschaft. Voraussetzung für einen guten, sprich: konstruktiven Streit ist, dass man dem Gegenüber grundsätzlich mit Respekt begegnet, dass man die andere Person zu Wort kommen und ausreden lässt, dass man ihr zuhört, dass man sie nicht anbrüllt und erst recht nicht bedroht. Wenn man nicht bereit ist, diese Voraussetzungen zu erfüllen, wird ein Streit nicht zu einer einvernehmlichen Lösung führen.

Wenn Menschen es von vornherein darauf anlegen, andere Menschen zu hassen, ihnen Gewalt anzutun, sie zu

»deportieren«, sie zu »Ungläubigen« und damit zu Feinden zu erklären, sie zum Abschuss freizugeben, Menschenverachtung als »Meinung« zu etablieren, ist ein konstruktiver Streit nicht möglich. Mit diesen Leuten muss man sich erst recht streiten. Auf keinen Fall darf man schweigen, um ihre Menschenverachtung, ihren Hass, ihren Rassismus, ihren Fanatismus nicht als »Meinung innerhalb eines breiten Meinungsspektrums« zu normalisieren.

Das Ziel eines Streits mit solchen Leuten ist dann nicht eine Einigung oder ein Kompromiss. Stattdessen muss man diese Leute und ihre menschenverachtenden Meinungen ächten, man muss sie ausgrenzen, zur Rechenschaft ziehen, politisch bekämpfen und so machtlos wie möglich halten.

Die AfD zum Beispiel hetzt, verachtet Menschen, äußert sich rassistisch, will Deutsche wie mich »remigrieren«, wirft Menschen wie mir vor, »Bevölkerungsaustausch« zu betreiben. AfD-Führungsfigur Björn Höcke spricht 2018 von »neoliberalistischen Multikultikräften«, nennt sie »Freunde des Volkstods«, und fordert, man müsse in einem Akt des »nationalen Widerstands« so etwas wie »gallische Dörfer« errichten zum Schutz des deutschen Volkes, am besten in Ostdeutschland, weil dort »noch großes Potenzial vorhanden« sei, um »das inhumane Projekt einer Migrationsgesellschaft zu stoppen«. Solche Dörfer könnten zur »neuen Keimzelle des Volkes« werden, von dort könne die »Rückeroberung« stattfinden. Es müsse ein »großangelegtes Remigrationsprojekt« geben, »wohltemperierte Grausamkeiten« seien nötig, »menschliche Härte und unschöne Szenen werden sich nicht immer vermeiden lassen«. Leider werde man »ein paar (germanische) Volksteile verlieren, die zu schwach oder nicht willens sind, sich der fortschreitenden Afrikanisierung, Orientalisierung und Islamisierung zu widersetzen«.

Anhänger der AfD erstellen »Todeslisten«, »Abschusslisten«, eine »Liste der Feinde Deutschlands«. Sie verherrlichen Gewalt, hegen Bürgerkriegsfantasien, verharmlosen den Nationalsozialismus, sympathisieren zum Teil mit ihm. Sie wollen Menschen »jagen«, in »Anatolien entsorgen«, und mir persönlich rät ein bekennender AfD-Fan, ich solle Deutschland am besten »sofort verlassen«. Denn, schreiben mir andere, man würde mir »gerne mal von Angesicht zu Angesicht« begegnen und »die Fresse polieren, bis nur noch ein Brei aus Fleisch und Blut und Knochen bleibt«.

Jeder und jede, der diese Partei wählt, aus welchen Gründen auch immer, nimmt diese Denkweise hin. Womöglich denkt er oder sie selbst so oder sympathisiert zumindest mit solch einem rassistischen Gedankengut. Nicht jeder AfD-Wähler ist ein Neonazi, aber jeder AfD-Wähler ebnet wissend Neonazis den Weg an die Macht.

Der zunehmende Hass ist dabei kein rein deutsches Problem. Überall in Europa, in den USA, in Russland, in China, in Brasilien, in Indien, auf den Philippinen, in vielen islamischen Ländern erhalten Populisten Zulauf, die gegen andere Bevölkerungsgruppen hetzen. Weltweit sind autoritäre Herrscher, radikale religiöse Führer und Despoten auf dem Vormarsch. Diese Entwicklung sollte uns alle beunruhigen.

Warum, zeigt ein Blick nach Pakistan, ein Land, das noch Anfang der Siebzigerjahre eine vergleichsweise offene Gesellschaft war. Ein viel größerer Teil der Bevölkerung als heute konnte sich damals erlauben, so zu leben, wie er wollte. Religiösen Fanatismus gab es auch damals. Er war nur nicht so dominant wie heute. Man braucht sich nur die Fotos aus jener Zeit anzuschauen: ausgelassen feiernde Menschen, Frauen in supermodischer Kleidung, Kinos, Bars, ein spannendes kulturelles Leben. Dann kam der – übrigens nominell sozialdemokratische – Politiker Zulfikar Ali Bhutto an die Macht und führte ohne Not ein Alkoholverbot ein. Es gab überhaupt keine Notwendigkeit, dieser Forderung radikaler Islamisten zu folgen. Bhutto aber wollte sich die Stimmen aus dem religiösen Lager sichern und setzte deshalb die Prohibition durch, anstatt den Streit mit den Religiösen zu wagen. (Dabei trank er selbst gerne Alkohol, so wie viele Menschen in Pakistan nichts gegen den Genuss von einem Glas Whisky einzuwenden haben, aber hey, was tut man nicht alles für ein paar Stimmen von fanatischen Spinnern!)

Alkohol ist in Pakistan bis heute verboten. Und es war nur der erste Schritt auf dem Weg einer stetigen Islamisierung des Landes. Pakistan ist heute weniger offen, liberal und tolerant als noch vor fünfzig Jahren. Schritt für Schritt haben die Islamisten an Einfluss gewonnen. Weil man ihnen entgegengekommen ist, ihre »Sorgen und Nöte« ernst genommen, mit ihnen »auf Augenhöhe« geredet, ihre Wünsche auch noch erfüllt hat, anstatt ihnen ihre Grenzen aufzuzeigen und zu sagen: Bis hierhin, und keinen Schritt weiter!

Heute kenne ich Pakistanerinnen und Pakistaner, die ich für gebildet halte, die mir aber allen Ernstes erzählen, die Taliban seien »doch im Prinzip gute, gläubige Menschen«, »unsere Brüder und Schwestern«, die »sich für islamische

Werte einsetzen«. Manche hätten sich »vielleicht ein wenig verirrt«, hätten möglicherweise »einen falschen Weg eingeschlagen«, seien aber »alles in allem rechtschaffene Leute«.

Und ich kenne viele Menschen in Pakistan, die dieser Entwicklung seit Jahren zusehen, geschockt sind und sich nicht trauen, etwas zu sagen, weil sie Gewalt fürchten oder als »Verräter«, »Ungläubiger«, »Blasphemist« diffamiert zu werden. Sie wollen auch nicht als »unpatriotisch« oder als »Nestbeschmutzer« dastehen. Andere wiederum schweigen aus Teilnahmslosigkeit. Das Ergebnis: Die Radikalisierung ist so normal geworden, dass extremistische Ansichten heute von vielen Pakistanern akzeptiert werden.

Auch in Deutschland wurden und werden Hass und Rassismus immer häufiger relativiert, verharmlost und normalisiert. Doch wir müssen uns wehren: Wo immer möglich, müssen wir den Gegnern der freien, zivilisierten Welt mit Argumenten und Fakten begegnen. Wo nötig, müssen wir sie ächten, ausgrenzen, politisch bekämpfen. Wir müssen sie für ihr menschenverachtendes Reden und Handeln zur Rechenschaft ziehen.

Ich bin der festen Überzeugung, dass es keine Toleranz für Intoleranz geben darf. Und dass eine Demokratie wehrhaft sein muss. Es geht um nichts weniger als das.

Denn unsere liberale, demokratische Welt ist eine immer kleiner werdende Insel. Sie ist gewiss nicht perfekt, keineswegs immer gerecht, an vielen Stellen verbesserungswürdig. Aber keine der Alternativen ist auch nur annähernd so gut. Also lasst uns für Demokratie und Freiheit streiten!

Auf sie mit Gebrüll!

Ein Wort des Dankes

Auch Dank kann ein Mittel des Streits – in diesem Falle: der Streitvermeidung – sein, habe ich gelernt, als ich mich mit der Dankesforschung befasst habe. Je mehr bedeutenden Personen man zum Beispiel danke, desto bedeutungsvoller erscheine auch das eigene Wirken – und desto unangreifbarer werde man. (Deshalb, habe ich gelernt, sind die Dankesreden bei Oscar-Verleihungen immer länger geworden; schöner Nebeneffekt: Man steht länger im Rampenlicht.) Und je mehr potenziellen Kritikern man danke, desto unwahrscheinlicher sei, dass sie einen tatsächlich kritisieren. Dank sei zudem eine Währung, die, wenn man sie nicht zahle, zu Streit führen könne. Diese Erkenntnisse, sind Soziologen und Anthropologen überzeugt, habe zu einer wahren Dankesflut geführt.

Mag sein, dass das in vielen Fällen stimmt. Ich möchte an dieser Stelle aber weder Streitvermeidung betreiben, noch irgendwelche Schulden begleichen, sondern mich ganz herzlich und aufrichtig bedanken bei allen, die an der Entstehung dieses Buches mitgewirkt haben.

Genannt sei meine Lektorin Karen Guddas, die Erstleserin war; der Austausch mit ihr hat dieses Buch überhaupt erst möglich gemacht. Danken möchte ich auch allen Mitarbeiterinnen und Mitarbeitern von Random House und insbesondere dem Penguin Verlag, hier vor allem Katharina Eichler und Stefanie Leimsner für die tolle Zusammenarbeit, ebenso Angelika Mette und ihrem Team vom SPIEGEL-Verlag. Dank auch an die Redaktionen von SPIEGEL und SPIEGEL ONLINE (die jetzt ja eine gemeinsame Redaktion sind, es wächst zusammen, was zusammengehört), die mich haben machen lassen.

Mein Dank gilt außerdem all jenen, die sich Tag für Tag dem Streit mit den Feinden der Demokratie und der Freiheit stellen – inzwischen gehört ja, bei all den Drohungen, leider wieder Mut dazu. Umso größer mein Dank, dass sie sich nicht entmutigen lassen! Dazu zählen Politikerinnen und Politiker, Journalistinnen und Journalisten, Künstlerinnen und Künstler, die sich nicht mundtot machen lassen, Vereine, Verbände und Organisationen, die sich für ein gutes Miteinander einsetzen, Lehrerinnen und Lehrer, die ihren Schülerinnen und Schülern Zivilcourage vermitteln. Danke auch an so manche Kirchenvertreterin und Kirchenvertreter – gerade die Evangelische Kirche in Deutschland hat sich in der Auseinandersetzung vorbildlich hervorgetan.

Vielen Dank allen Leserinnen und Lesern, die mir immer häufiger schreiben, um mich zu ermutigen und zu loben. Euch allen ist ein Platz im Kalifat sicher!

Danke meiner Familie, meiner Frau Janna und meinem Sohn, die mich immer unterstützen!

Lesen Sie weiter >>

Leseprobe

Wie man gekonnt auf Hassmails antwortet

Täglich bekommt Hasnain Kazim hasserfüllte Leserpost.
Doch statt die Wutmails einfach wegzuklicken, hat er
beschlossen zurückzuschreiben – schlagfertig, witzig
und immer wieder überraschend. Dieses ebenso unter-
haltsame wie kluge Buch versammelt seine besten
Schlagabtäusche mit den Karlheinzen dieser Welt und
beweist, warum man den Hass, der im eigenen Post-
fach landet, nicht unkommentiert lassen sollte. Denn,
wie Hasnain Kazim schreibt: »Wenn wir schweigen,
beginnen wir, den Hass zu akzeptieren. Also, reden wir!«

Hass und Höflichkeit ...

Hass ist weit verbreitet. Wenn ich manche Menschen reden höre, scheint mir, sie sind, in einer zunehmend polarisierten Öffentlichkeit, regelrecht stolz darauf, Feindbilder zu haben. In Zeiten von Rechtspopulisten und Islamisten sind Rassismus, Fanatismus und Demokratiefeindlichkeit nicht mehr tabu, sondern zum Teil sogar prägend für die Politik.

Hass gab es natürlich schon immer. Doch nimmt er zu? Oder wird er einfach nur sichtbarer, da er sich dank neuer Kommunikationswege anonym, schnell und kostenlos verbreiten lässt?

Tatsache ist, dass es heute risikolos ist zu hassen. Da findet es der eine schade, dass wir nicht mehr im Jahr 1939 leben, andere wollen nicht »das Sozialamt der Welt« sein, und gerne sinkt die Ausdrucksweise auf ein unterirdisches Niveau. Ob diese Leute so auch in der Öffentlichkeit reden würden? Viele sicher nicht, aber ich befürchte, es werden immer mehr. Ob sie mir ihre Beschimpfungen auch ins Gesicht sagen würden? Die meisten wären dazu zu feige, aber auch hier scheinen Hemmschwellen zu sinken.

Manchmal hilft es, den Schreibern gut zuzureden, an ihren Anstand zu appellieren, sie an ihre Erziehung zu erinnern. Ich stelle mir diese Leute wie rotzfreche Kinder vor, die man streng zur Ordnung rufen muss. Manchmal klappt es. Andere sind so tief versunken in ihrem Hass auf die Welt, dass nichts mehr hilft. Wenn sie dann nicht einmal ihre Sichtweise erklären oder offensichtlich nur auf Streit aus sind, provoziere ich gerne zurück. Das würde doch niemandem helfen, sagen mir manche. Doch, antworte ich dann, mir!

✉ Peter S. schreibt am 1. Februar 2016 um 7.09 Uhr:
Leute wie dich sollte man in Deutschland verga-
sen!!!!!!! Geh zurück zu deinen Kamelfickern! Muselpack hat bei uns nichts verloren, Islam gehört
NICHT zu Deutschland! Hierzulande gehört es vernichtet und ausgerottet!

✉ Meine Antwort um 08.30 Uhr:
Hallo Herr S.,
danke für Ihre Zuschrift und für Ihr Interesse an
meiner Person. Ist das eigentlich die bei Ihnen übli-
che Art, Kritik zu äußern?
Mit freundlichen Grüßen,
Hasnain Kazim

✉ Er schreibt um 17 Uhr:
Sorry, ich wusste nicht, dass die Mails jemand liest.
War nicht so gemeint, hatte keinen klaren Kopf, als
ich das geschrieben habe. Wirklich sorry!

✉ Am 7. Februar 2016 schreibt mir Dr. Friedrich M., nach eigenem Bekunden »Volljurist«, einen sehr langen Brief, in dem er sich darüber beschwert, dass ich mich »in diversen Diskussionsbeiträgen als Deutscher« bezeichne. Ständig würde ich, so Dr. M., »darauf herumreiten, Sie seien in Deutschland geboren und aufgewachsen«.

Und dann schreibt er:

Wissen Sie, Herr Kazim: Eine Ratte, die in einem Pferdestall geboren wird, bleibt doch immer eine Ratte. Sie wird niemals Pferd sein. So sehr sie das auch glauben und betonen mag.

✉ Ich antworte ihm am 9. Februar 2016:

Lieber Herr Doktor,
danke für Ihre längliche Zuschrift.

Wissen Sie, Herr Doktor: Manche Leute können sich noch so sehr um Titel und akademische Grade bemühen und unter dem Namen »Volljurist« schreiben – sie bleiben für immer ein Vollidiot.

Mit freundlichen Grüßen,
Hasnain Kazim
– Atommacht –

Er hat mir nicht mehr geantwortet.

✉ Andre F. schreibt mir am 27. Juni 2016:
Immer schreibs du über Rasismus und Ausländer-
feindlichkeit! Wir haben deutlich andre Problem!!!

✉ Ich antworte ihm am selben Tag:
Ja, zum Beispiel mangelnde Rechtschreib- und Gram-
matikkenntnisse.

Er antwortet nicht mehr.

✉ Patrick G. schreibt mir am 13. August 2016 um 8 Uhr:
Linke im Allgemeinen und Journalisten im Besonderen reduzieren Deutschland auf Hitler und auf
die Jahre zwischen 1933 und 1945! Warum? Weil
sie Deutschland klein halten wollen! Auch Sie, Herr
Hasnain Kazim, tun das! Sie verfolgen eine Agenda!
Dabei ist das alles sehr lange her, Deutschland ist viel
mehr als das!

✉ Ich antworte ihm am selben Tag um 11.45 Uhr:
Hallo Herr G.,
danke für Ihre Zuschrift. Ich wüsste nicht, dass ich
oder irgendein Kollege Deutschland auf Hitler oder
die Jahre zwischen 1933 und 1945 reduziert. Im Gegenteil, wann immer ich Zeitungen und Internetsei-
ten lese, Fernsehen schaue, Radio höre, geht es doch
meist um recht aktuelle Themen, die allesamt in der
Gegenwart spielen. Aber leider sind Rechtsextremismus, Fremdenfeindlichkeit und Neonazismus auch
aktuelle Themen. Und da sollte Deutschland aus sei-

ner Vergangenheit gelernt haben. Dass man das manchen Leuten um die Ohren haut, finde ich richtig.

Darf ich Sie mal was fragen: Finden Sie eigentlich, dass Deutschland »Land der Dichter und Denker« ist?

Viele Grüße,

Hasnain Kazim

✉ Er antwortet mir am 14. August 2016 um 11.15 Uhr:

Natürlich ist Deutschland ein Land der Dichter und Denker!!! Was man von vielen anderen Ländern ja nicht gerade behaupten kann!!!

✉ Ich schreibe ihm am selben Tag um 16.17 Uhr:

Hallo Herr G.,

danke für Ihre Antwort. Aber vergessen Sie das mit Dichter und Denker: Goethe, Schiller, Bach, Beethoven et cetera: Das ist alles sooo lange her! Viel länger als Hitler! Es gibt ja nicht mal mehr Zeitzeugen. Und kommen Sie mir bitte nicht mit Einstein − der gab 1933 den deutschen Pass ab, wollte von Deutschland nichts mehr wissen (und wurde ein Jahr später vom Deutschen Reich sogar strafausgebürgert). Also nix Dichter und Denker. Viele Grüße,

Hasnain Kazim

Er antwortet nicht mehr.

✉ Jemand, der sich MichaXXX77 nennt, schreibt mir am 16. Juli 2016 um 2.50 Uhr:

Haschmich Katzimmmm, du bist ein mieser, gefährlicher Schreiberling, ein Stück Scheiße!

✉ Ich antworte ihm am selben Tag um 10 Uhr:

Hallo Herr Micha,
danke für Ihre Zuschrift! Aber dass Sie mich duzen, finde ich wirklich unter aller Sau.
Mit freundlichen Grüßen,
Hasnain Kazim

✉ Er antwortet mir am Tag darauf um 10.23 Uhr:

Sehr geehrter Herr Kazim,
peinlich, peinlich. Ich war gestern betrunken. Da sollte man niemandem E-Mails schreiben. Bitte betrachten Sie meine E-Mail als niemals geschrieben! Entschuldigung!
MfG, Micha S.

PS: Und danke, dass Sie Ihren Humor behalten und mich nur für das Duzen tadeln!

✉ Ich schreibe ihm um 17.30 Uhr:
Hallo Herr S.,
danke für Ihre Entschuldigung, nehme ich an. Und das mit dem Duzen ist nicht nur humorvoll gemeint. Mich persönlich stört das Geduze schon, jedenfalls mag ich gerne gefragt werden, ob wir einander duzen wollen. Ich habe sehr gute Freunde, die ich sieze. Andere, die ich duze, sind keineswegs Freunde. Manchmal glauben Leute, die aufdringlich Nähe suchen, mich einfach duzen zu müssen. Andere tun das auf despektierliche Weise. Ich werde nie vergessen, wie mal ein Beamter in einer Behörde meinen Vater geduzt hat, in einer Situation, in der das völlig unangemessen war. Das habe ich damals sogar als Kind wahrgenommen. Dass man sich in der Kommunikation im Internet häufig einfach duzt, ist wohl so. Ich mag das trotzdem nicht. Jedenfalls nicht ungefragt.
Viele Grüße,
Hasnain Kazim

✉ Jemand, der sich Mikhail nennt, schreibt mir am
14. August 2016:

Man sollte dich abschieben, mit einem Schlauchboot
direkt aufs Mittelmeer!!!!!!!!!

✉ Ich antworte ihm am selben Tag:

Hallo Mikhail,

danke für Ihr Interesse an meiner Arbeit. Es freut
mich, dass meine Artikel Sie zum Nachdenken anre-
gen, soweit es Ihre Möglichkeiten zulassen. Zu Ihrer
Beruhigung: Ein »Abschieben direkt aufs Mittelmeer
mit einem Schlauchboot« ist nicht nötig, ich fahre
lieber mit meiner Motorjacht raus.

Herzliche Grüße,

Hasnain Kazim

✉ Er schreibt mir am selben Tag:
Typisch Ausländer, haben Geld ohne Ende, kassieren auch noch Geld vom Staat, während unsereins jeden Pfennig zweimal umdrehen muss!

✉ Ich antworte ihm:
Hmm, ich werde mir einen Trick überlegen, dir auch den letzten Pfennig zu nehmen. Wer Mails schreibt wie »Man sollte dich abschieben, mit einem Schlauchboot direkt aufs Mittelmeer!!!!!!!!!« oder »Typisch Ausländer …«, der verdient es, dass ich ihm die letzte Unterhose nehme. So, und nun heul leise.

Mikhail schreibt mir nicht mehr.

Das Buch zum Blog, der Millionen begeistert: Geld ganz einfach verwalten

Mit seinem Blog »Young Money« erreicht Henning Jauernig auf SPIEGEL ONLINE seit 2017 ein Millionenpublikum: So unterhaltsam und leicht verständlich wie kein anderer erklärt der 28-Jährige alles, was junge Menschen zum Thema Geld wissen müssen. Denn mit Bausparvertrag, Steuererklärung und Altersvorsorge fühlen sich viele überfordert – oder haben einfach keine Lust, sich darum zu kümmern. Jauernig macht endlich Schluss mit dem schlechten Gewissen und zeigt unter anderem, welches Vermögen auf den wartet, der auf seinen täglichen Coffee to go verzichtet. In diesem Buch beantwortet er die drängendsten Fragen seiner Leser – damit mehr Zeit bleibt für das, was wirklich wichtig ist.

Jetzt reinlesen auf www.penguin-verlag.de